増補

“悪夢の超特急”リニア中央新幹線

〈建設中止を求めて訴訟へ〉

Hideki Kashida

樫田秀樹

旬報社

プロローグ

沢は枯れていた。

二〇一三年五月一四日。東京都に隣接する山梨県上野原市秋山の無生野《むしょうの》地区。二年ほど前まで尺サイズのイワナとヤマメが生息していたという「棚《たな》の入沢《いりさわ》」は、いま一滴の水も流れず、乾いた川砂をさらしている。

棚の入沢に案内してくれた地元生まれの有馬孔志（二六歳）は、「去年なんて、魚の死骸がゴロゴロしていました」と語った。

有馬の友人、倉林僚（三七歳）は、川砂を手ですくうと、「間違いなく川底にしかない砂です」と、ここが豊かな沢であったことを教えてくれた。

少し上流に向かうと、わずかな水溜まりが残っている。

「ああ、これももうすぐ干上がるな……」

有馬がそう言ったとき、水溜まりに小魚たちが泳いでいるのが見えた。

JR中央本線の上野原駅から車で南に一〇分も走れば美しい森に入るのだが、有馬と倉林が案内してくれた現場は残酷だった。

棚の入沢だけではない。沢は随所で枯れている。

トンネル工事で出た残土を埋め立てる処分場を造るため、木々が剝ぎ取られた森。

リニア中央新幹線工事の資材搬入口でもあり、将来の開通後に非常口ともなる大きなトンネルからは、工事で断ち切られた地下水脈からの水が轟音をたててホースで放出されている。

「去年よりもひどくなっている」

有馬と倉林はそう口を揃えた。

実現すれば、リニア中央新幹線は東京・品川と新大阪をわずか六七分で結ぶといわれる。計画では東京・大阪間の八〇％以上がトンネルや地下走行になる。

山梨県の大月・都留《つる》間一八・四キロで走行実験が開始されたのは一九九七年のことで、実験線もほとんどが山岳トンネルだ。

実験開始後まもなく、大月市猿橋町朝日小沢地区の住民の簡易水道の水源である小さな沢が枯れた。トンネル

リニア実験線工事のあと枯れた「棚の入沢」。

工事が地下水脈を断ったのだ。

二〇〇八年に実験線の延伸工事が始まると、また水枯れが起きた。二〇〇九年に、笛吹市御坂町の水源である一級河川天川《てがわ》が枯れた。

天川枯渇から四年後の二〇一一年末、「リニアの山梨実験線のトンネル工事の影響で、無生野地区の簡易水道の水源である沢が枯れた」との記事が山梨日日新聞に載った。

記事を目にした私は、無生野地区でJR東海との交渉にあたる住民に取材を申し込んだが、「JRさんとは互いに納得できる条件で交渉中。互いの約束として取材は受けないことにしている」と断られた。

無生野から、都留市にあるリニア実験線の車両基地までは直線距離で一キロ前後しかない。つまり、報道された以外にも上野原市のあちこちで水枯れが起きているのではないか？　だが現地の地理にうとい私一人でその確認は無理な話だった。

そう思っていた矢先の二〇一二年夏、無生野に住む有馬からメールが送信されてきた。私がブログに書いたリニアについての記事を読んでくれていたのだ。

メールには、「いままで（リニア反対へと）動かなかった結果が、超大型の骨組みを積んだ車が走り回る日々につながってしまいました」と、変貌する環境へのやりきれなさが綴られていた。これが縁で、地理に詳しい有馬に現地案内をしてもらうことができた。目にしたものは予想以上にひどい状況だった。

棚の入沢が枯れたとき、有馬の自宅に近所の釣り好きの男性がやってきて、「イワナも虫もいなくなった。JR東海は何をやっているんだ！」と憤りをみせた。

JR東海は、井戸を掘ったり、簡易水道のタンクに給水車で水を供給している。だが――。

「JR東海は水源を失った集落にいくばくかの補償金を支払ったそうです。僕の家は違う沢水を水源としているので対象外ですが、このお金で、表立って水枯れを訴える人はいなくなったと思う」

そう有馬は語った。

誰も声を上げない。そして棚の入沢はもう元には戻らない。

朝日小沢地区の簡易水道の水源、一級河川の天川、棚の入沢――これらは数多くの枯れた沢の一部にすぎない。笛吹市役所によれば、「個人宅の井戸が枯れたとの連絡が数十件以上から寄せられた」。

高速道路や山岳トンネル工事などに異常出水や水枯れはつきものだ。だがリニア中央新幹線には、全ルートの八割以上が地下走行かトンネル走行という特異性がある。つまり、東京・大阪間のほとんどの地域で連続的に異常出水や水枯れが起こる可能性はきわめて高い。

南アルプス西端の長野県大鹿村釜沢地区――。

南アルプスは、一つの山塊としては、地下にも地上にも横断構造物（トンネルや鉄道など）が存在していないという、本州で唯一の存在だ。ミネラルウォーターのコマーシャルにもその名が登場するとおり「天然の水瓶」と称されるほど水が豊かだ。山小屋も素朴で、南アルプスを愛する登山者は多

い。これらを背景に、南アルプスは、二〇一四年六月、世界自然遺産の一つ手前ともいえるユネスコの「エコパーク」（自然と人間とが共存する地域）に登録された。

だが、南アルプスに小さな「穴」が穿たれ、そこから二四時間三六五日の出水が続き、さらに二〇一四年以降、巨大なトンネルが掘られることを知る登山愛好家は皆無に近いのではないか。

リニアの予備調査としてＪＲ東海が大鹿村釜沢地区でボーリング調査を実施したのは二〇〇八年三

1都6県のリニア関連の施設

	地上部（km）	トンネル（km）	駅	車両基地	変電施設	保守基地	保守用車留置施設	非常口（都市部）	非常口（山岳部）
東京都	0	19.4	1		1			5	
神奈川県	1.3	38.1	1	1	1	1	1	5	4
山梨県	27.1	56.3	1		3	3			9
静岡県	0	10.7							2
長野県	4.4	48.5	1		2	1			11
岐阜県	6.5	48.6	1	1	2				7
愛知県	0	24.8	1		1	1		4	1
合計	39.3	246.4	6	2	10	6	1	14	34

月。直径一〇センチ、長さ一キロという水平ボーリングだ。一〇月に調査は終わったが、いまもボーリングの穴からの出水は続いている。

二〇一二年七月、私は大鹿村村会議員の河本明代に現場に案内された。

「たった一〇センチの穴でこうです。リニアのトンネルの断面積は約一〇〇平方メートルと、従来の新幹線のよりも大きいんです。これが長さ二〇キロ以上で掘られるとどうなるのか。まったく想像がつかない」

同時にそれは、一つの工事としてはかつてない膨大な建設残土が発生することを意味する。

二〇一三年九月、JR東海は「環境影響評価準備書」(リニア計画での環境アセスの結果と詳細な計画についての報告書。以下、準備書)を出した。それによると、大鹿村からは東京ドーム三個分にあたる三〇〇万立方メートルもの残土が発生する。

しかも、一日最大で一七三六台もの残土運搬車が狭い村の道を走るのだ。日中の運搬ならば一分間に三台以上。騒音、振動、土埃、交通阻害、通学の危険性……。これが朝から晩まで一二年間も続くのは現実とは思えない。だが、JR東海は「環境への影響は小さいと予測する」と評価する。

これら残土の行き場所について、JR東海からの情報開示はほとんどない(二〇一六年七月現在)。少なくとも、実験線の管轄地である山梨県笛吹市では、建設残土は一つの谷を埋めながら、その跡地利用すらも決まっていない。JR東海は「残土処理は県を窓口にする」との回答を繰り返している。

明らかになっている処分地は山梨県四ヵ所と静岡県六ヵ所だけ。その六ヵ所とは、南アルプスの大

井川上流部の河川区域という、せっかくのエコパーク登録も取り消しになりかねない場所である。枯れるかもしれない南アルプスの天然水。

建設残土が山積みされるかもしれない南アルプスの村。

水枯れや残土だけではない。南アルプスだけではない。リニア中央新幹線計画には、さまざまな問題が存在する。

・新幹線の三倍以上の電力を消費することから指摘される原発再稼動につながる可能性

・強力な電磁石の使用による電磁波の発生

・岐阜県では日本最大のウラン鉱床地帯にトンネルを開ける可能性

・約二兆二〇〇〇億円（二〇一五年度末）の借金がある会社が九兆円もの事業に乗り出すという疑問。つまり資金ショートした場合の国民負担の可能性

・なぜ時速五〇〇キロでなければならないのか

こうしたことはほとんどの人が知らない。ＪＲ東海も国もマスコミも、総工費約九兆円という、世界の鉄道史上最大の超巨大プロジェクトの実像をほとんど周知しない。

原発に関しては厳しい論調が多い新聞にしても、リニアに関しては差しさわりのない記事が散見されるばかりだ。以下、その見出しを列記する。

［リニア研究50年　完成形近づく］
［新型L０系走行試験へ］
［二〇二七年開業目指し加速］
［超巨大都市圏誕生へ］
［切符窓口なし　シンプル駅］

シンプル駅の概要は、この記事が出た前日の二〇一三年五月一三日、山梨県甲府市でのJR東海による住民説明会で明かされた。だが、その説明会では、少なくない住民から計画への疑問の声が上がっていた。だがそのことは一行も報道されなかったのだ。

大鹿村に住む鈴木タケル（二八歳）はレゲェバンド「AMBASSA」（アンバッサ）でボーカルを務める。二〇一一年夏、鈴木は神奈川県相模原市でのイベントで、ステージから歌の合間にリニアのことを訴えた。

「僕たちの村にリニアが通ります。心の故郷である南アルプスにトンネルを開けます。膨大な水源が枯れるかもしれない。この計画を止めたい。この計画を知ってください」

これを見ていたのが有馬だ。ちょうど棚の入沢が枯れたころだった。自分と同じ若者が、リニアのことを真剣に聴衆に語りかけている。ステージのあと、有馬は鈴木の元に駆け寄り、「生まれてからずっと、僕もリニアとともに生きてきました」と挨拶をした。そして、自分も声を出そうと決めた。有馬はいま、フェイスブックを利用してリニア工事で環境破壊された地元の写真を積極的に公開している。近隣自治体の議員や、テレビの取材陣を水枯れの現場に積極的に案内することもしばしばだ。私を案内したときも有馬は力強く声に出した。

「僕はリニア計画を止めたい」

当然ながらリニア中央新幹線に期待する人たちもいる。実際、現状では期待する人のほうが多数派だろう。

たとえば一県に一駅とされるリニア中間駅が設置予定の山梨県甲府市では、「特急あずさ」で一時間半かかる都心への移動がリニアなら二〇分前後ですむ。市内の観光業者はこう語った。

「東京から気軽に訪れる日帰り客が増えます。また、地元の若者も卒業後に都会に移住することなく、都心への通勤が可能になる。地域が活性化するかもしれません。リニアには強く期待します」

地域活性化が交通網だけで実現するとは思えないが、町や地方の復興を〝夢の超特急リニア〟にかける思いは強い。

だが、リニア計画をめぐって、私には不思議でならないことが一つある。

賛成派、反対派、ＪＲ東海、国、自治体などの関係者が一堂に会しての徹底した公開討論がただの一度も行なわれていないことだ。せいぜい、「一人三問まで」と制限するJR東海による説明会があるくらいだ。しかも、質問の手が上がっていても閉会される。

その説明会にしても、住民からの質問の多くにJR東海は具体的回答を避けてきた。二〇一一年九月に出された「環境影響評価方法書」（おおよその計画と環境アセスの方針を示した報告書。以下、方法書）における住民説明会では、「事業の具体的内容については、二〇一三年に縦覧する準備書でお示しします」と明言していたのに、いざ、その準備書が縦覧されると、住民説明会では「（国から事業の認可を受けたあとの）工事説明書でお示しします」と言葉を替えた。

着工寸前まで明言を避ける超巨大プロジェクトとはいったい何なのか？

二〇一一年九月の方法書、二〇一三年九月の準備書、そしてリニアが通過予定の一都六県の知事からの意見書を受けて準備書を手直しした二〇一四年四月の「環境影響評価書」（以下、評価書）。それに対する環境大臣と国土交通大臣の意見書提出（それぞれ六月と七月）。その両省の意見書を反映させた「補正評価書」（最終的なアセス報告書）がJR東海から提出され、ついには、一〇月、国交省はリニア計画を事業認可した。

九兆円という超巨大事業の実像がほとんど知らされることなく、早ければ年内にも着工されるところまで来てしまった。

福島の原発爆発事故で、私たちは一つのことを学習した。住民、事業者、国や自治体が参加しての徹底議論や検証もなく、事業者や一部関係者の「安全に努めています」「事故は絶対に起こりません」との言葉を信じてはいけないことを。

そして状況はわずかにだが変わりつつある。少なくとも、準備書が出るまで、リニア計画に強く異を唱えていたのは、リニアの計画沿線上の一部住民たちだけだった。だが、準備書以後、これに「自然環境や住民生活を守りたい」とする一部自治体が懸念の声を上げ、やっと国会議員も動き出し、地方議員の連携が始まり、さらには、市民運動とは無縁の一般住民もリニア反対の声を上げ始めた。

今回、増補版を出版するタイミングにはある意味運命的なものを感じる。

本書初版が出版されたのは二〇一四年九月だが、国土交通省がリニア事業を認可したのはその翌月であり、増補版出版が決まったのは、二〇一六年五月二〇日に市民団体がその取り消しを求めて行政訴訟を起こした直後であるからだ。加えて、六月上旬には、安倍晋三首相自ら「財政投融資を活用してリニアの大阪延伸を前倒しする」と表明。「自費建設」だからこそ認められてきたリニア建設を数兆円もの「公的資金」で支援するということだ。大きな山が一つも二つもやってきた。この間も各地でいろいろなことがあった。そのすべてを書くことはできないが、増補版では、訴訟をめぐっての市民運動と、本書で伝えた事案のなかで特に大きな変化があった事実に絞って紹介したい。

目次

東京都内の路線構造種別（路線延長）と主な施設

地上部	トンネル	駅	変電施設	非常口
0km	19.4km	1箇所	1箇所	5箇所

計画前夜

リニア問題が計画沿線で周知されたのは2010年代に入ってからだが、1980年代から反対運動を展開する住民もいた。その反対理由は今とほとんど変わらない。

▼技師の閃き

リニア中央新幹線は、強力な超電導磁石で車体を地上から一〇センチ浮上させ、最高時速五〇〇キロで地表を「飛ぶ」。

品川から名古屋まで四〇分（現在は新幹線「のぞみ」で一時間三三分）、大阪までを一時間七分（同二時間二六分）で結ぶ。品川・名古屋間は二〇二七年、名古屋・大阪間は二〇四五年に開通予定だ。工費は名古屋までが五兆四三〇〇億円、名古屋から大阪までが三兆六〇〇〇億円とされている。

超電導とは、極低温では電気抵抗がゼロになり電流が回路内を永久に流れる現象をいうが、リニアはその実現のため、各車両に四つ設置する冷凍庫を液体ヘリウムでマイナス二六九度まで冷却し、超電導磁石を格納する。そして、リニアが走る両脇の壁、ガイドウェイに設置したコイルに電流を流すとコイルが電磁石となり、車両の超電導磁石との間で吸引と反発が同時に起こり車両が動くのだ。一つの冷凍機は重さが一トン以上。

そして運転士はいない。先頭車両にＣＣＤカメラが設置され、その加減速は遠隔操作される。

話は半世紀以上前にさかのぼる。

一九六一年、旧国鉄の鉄道技師だった川端俊夫（故人）は、どうすれば鉄道の高速化が実現するかを考えていた。もう三年後には、時速二〇〇キロという、当時世界最速の東海道新幹線が開通する。

だが、川端はさらに速い鉄道を考えていた。

ある日、閃いた。

飛行機が速いのは、空気抵抗以外の摩擦がないからだ。だが、列車には空気抵抗に加え、車輪の摩擦がある。そうか、車体を浮上させたらいい――。

重さ一キロの電磁石二つに電気を流して反発させる実験をしてみた。電磁石がパーンと部屋の端まで吹っ飛んだ。川端は確信する。これなら、三〇トンの車両でも浮くと。

もう一つ閃いた。

回転モーターを切り開いて線状（リニア）に延ばせば、回転運動を直進運動に変えられることを。

川端のこの案に鉄道技術研究所（旧国鉄の研究機関。現在の鉄道総合技術研究所）の人間がやってきた。そして翌一九六二年から、東京都国分寺市の鉄道技術研究所の構内で、磁気浮上式鉄道の研究が始まった。

もちろん川端の閃きだけが、リニア研究に直結したとは断言できない。ほかにもさまざまな要素があったのかもしれな

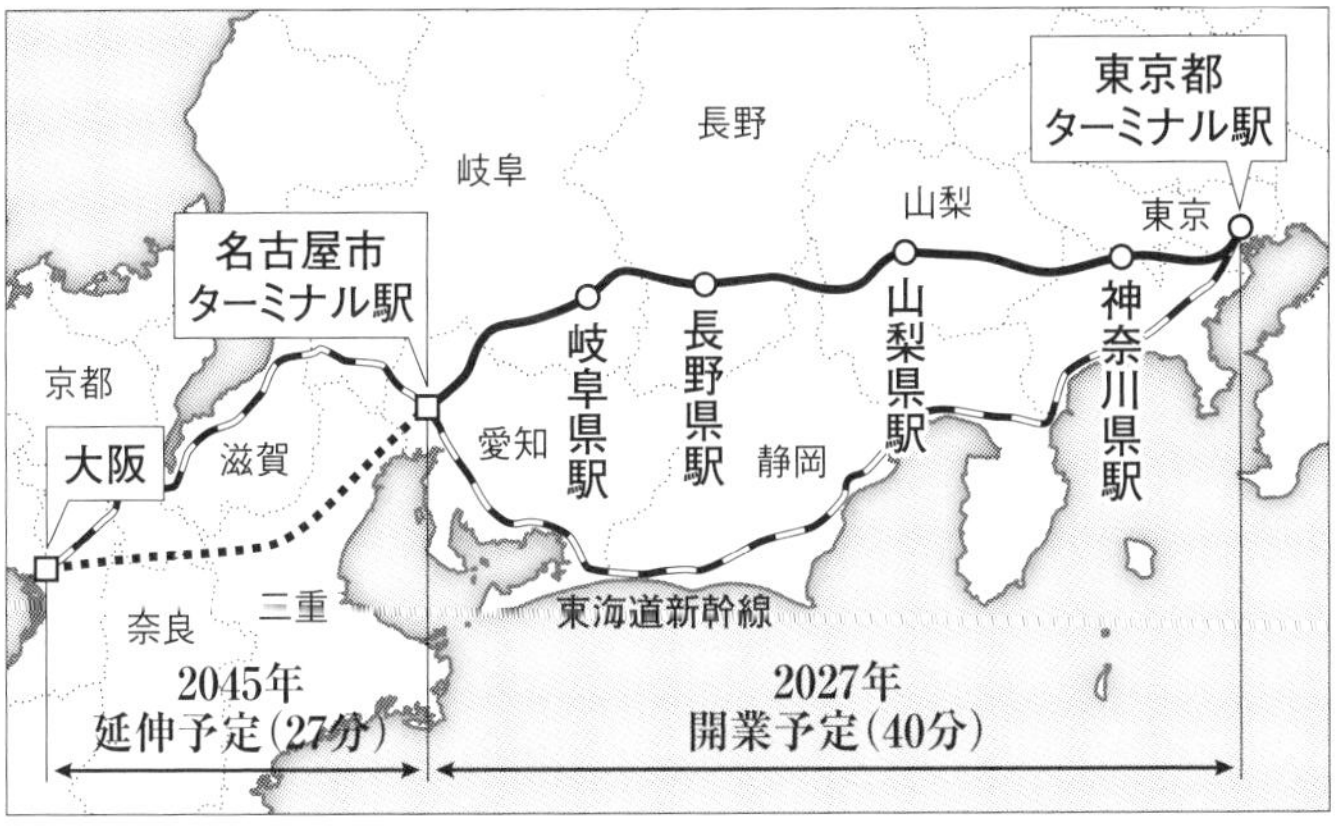

リニア中央新幹線計画路線図。

い。だが後年、川端は自身のアイデアに、「このままでは死ぬに死にきれない」と後悔することになる。

鉄道技術研究所が研究と実験を開始してから一〇年後の一九七二年。研究所構内に設置した二二〇メートルの短距離の実験線で、台車のような車両が時速六〇キロながら有人浮上走行に成功した。そして一九七七年。この研究成果を受け、宮崎県の日向市から都農《つの》町にリニア実験線が完成した。走行距離はわずかに七キロ。実験車両「ML‐500」は無人運転で時速五一七キロを（一九七九年）、「MLU001」が有人走行で時速四〇一キロを記録する（一九八七年）。

だが宮崎実験線は勾配もなければトンネルもない。そこで実際の運用につなげる実証的な走行実験の場に選ばれたのが山梨県だった。誘致が決まったのは一九八九年八月七日。

その八月の二四日、朝日新聞に「リニアの電力消費は新幹線の四十倍」と題した投稿が掲載された。投稿者は川端だ。投稿をさせたのは「後悔の念」だった。

私は一九九九年、当時八六歳になっていた川端の自宅（北海道札幌市）に電話を入れ、なぜあのとき投稿をしたのかを尋ねた。

「一九六一年のことでした。鉄道の高速化を考えていた私は、ある日ふと車両を浮上させればと閃いたんです。そこで模型実験をしようと思い、実験用の鉄芯を作ってもらいました。そこに電線を巻きつけて電気を流せば電磁石になります。握りこぶし大で重さ一キロのを二つ用意して、電気を流すと、一個がパーンと部屋の端まで吹っ飛びましてね。二回目以降は飛ばないように電磁石を手で押さえたものですが、私の力だけでは抑えきれませんでした。まあ、そこまでやれば、三〇トンの車両でも浮くと確信しました。

さらに閃いたんです。普通の回転モーターは丸いですね。電線を巻いた鉄芯はその中で回転運動をしています。大きなモーターなら、その円周速度は時速六五〇キロにもなります。では、そのモーターを切り開いて線状（リニア）に延ばせば、回転運動が時速六五〇キロの直進運動になるというアイデアでした。

この案を、あるメーカーの人に話しに行ったら、『そういう夢のある話は正月向きだ』と、『鉄道工場誌』という月刊誌の一月号に掲載されることになったんです。次いで、月刊『車両工学』二月号にも載せたら、国鉄の研究機関である鉄道技術研究所の人間が飛んできましてね。彼らが、翌年からリニア実験を始めたんです。友人たちが喜んでくれました。私も嬉しかったです」

一九六二年に始まった室内実験は、一九七七年に宮崎県の路線実験へ発展し、そして一九九七年、山梨県での自然の地形での走行実験開始へと向かい、実現に近づいていった。

だが退職後、川端はリニア計画に違和感を覚え始める。

「実は私は専門が土木ということもあり、エネルギー問題に不勉強だったんです。退職後に初めてエネルギーのことを勉強して、リニアは新幹線の四〇倍も電力消費すると算出しました。実験は仕方ないとしても、東京・大阪間だけは造っちゃいけません。石炭、石油、ウランはあと数十年しかない有限資源なのに、こんなにエネルギー浪費の乗り物は認められません」

「懺悔の念があるのでしょうか」と尋ねると、川端は「そうです」と答えてから言葉を続けた。

「このままじゃ、私、死ねないですよ。リニアにもし多額の税金が使われ、電力も浪費して、『こんな金を使わせたのは川端だ』なんて言われたら孫子の代まで恨まれます。私は肺浮腫を抱えていますが、もしJR東海が着工を決めたら、私は真っ向から反対するので、それまでは生かしておいてくれと、主治医である北海道大学病院の内科の医者に頼んでいるんです。」

話の最後に、私も北海道出身なんですと告げると、川端は「じゃあ、ときどき帰省するんですね。いやあ、お会いしたいなあ。また連絡してください。ありがとうございました」と言って電話を切った。

まだ死ねないという川端の思いを私は実感した。だが川端は二〇〇六年に他界。JR東海が自費でリニア建設すると発表したのはその翌年、二〇〇七年末のことだった。

川端の新聞投稿に異を唱えたのが、JR総研・尾関雅則理事長（当時）だった。川端の投稿の直後の九月四日の朝日新聞に、「川端氏の計算間違い。消費電力は三倍である」との反論を寄せたのだ。

この記事に「三倍でもすごい。やはり原発の電力をあてにしている」と合点した人がいる。山梨県で反原発運動を展開していた市民団体「青い空の会」代表の上野さかるだ。

記事掲載の前年（一九八八年六月二〇日）、会は東京電力広報部に、「これ以上の原発増設をしないよう」と申し入れた際の、職員K氏の言葉に驚いたからだ。

「増やさないどころじゃないですよ。誘致されるリニア実験線や中部山岳道路建設のために原発を増設するんですから」

上野はそれまでは、誘致のために県などが宣伝していたリニアの「経済波及効果、低公害性、省エネルギー」を信じていた。ところが、この東電職員の言葉に、「ウソでしょ！　バラ色の乗り物じゃなかったの？」と驚き、リニアのことを調べ始めた。


いろいろなことがわかってきた。

計画されていた実験線は四二・八キロ。この八割以上の区間にトンネルが穿たれ、大量の建設残土が発生すること。水枯れが起こること。強力な電磁石を使うために強い電磁波が発生すること。高速ゆえの騒音や振動の問題。原発に依存する可能性等々。

上野は市民団体「市民によるリニア実験線検討委員会」を結成するが、東電広報部の言葉を裏づける事態が次々と起こった。

一九八八年一〇月、リニア実験線の近くに東電の東山梨変電所が着工され、翌八九年八月七日、一八の自治体の誘致合戦のなか、本当に東京電力管轄の山梨県にリニア誘致が決まり、八月一三日の毎日新聞（山梨版）には、東電広報担当者が「リニアが走るにも膨大な電力が必要。近い将来（山梨県は）全国有数の原発消費県になる」とのコメントが載った。一九九二年に東山梨変電所が竣工すると、東電は柏崎刈羽原発（新潟県）から五〇〇万ボルト（設計は一〇〇〇万ボルト）という日本初の超高圧の電気を送る。その柏崎では原発が二基増設された。

▼署名運動

反対運動を展開していたのは上野たちだけではない。

誘致決定後、リニア実験線が敷設されることになる都留市の市民団体「都留の自然と生活を守る会」代表の佐藤光男（故人）は、真っ先に実験線建設反対を唱え、一九九一年一〇月七日、上野の「市民によるリニア実験線検討委員会」とともに、県リニア推進局に建設即時中止を申し入れるなどの活動を行なった。

自身の住む地区で一戸一戸を訪問し、「リニアは実現させてはいけない。自然を壊す」と、建設中止を要請する五四〇筆の署名を集めたこともある。リニア計画の当該地でほぼ全戸にあたる署名が持つ意味は大きかった。ところが上野によると、その直後、当時の市の有力者が「俺を男にしてくれ」と、署名の撤回を求めて全戸を頭を下げて回り、結果、反対者はゼロになったという。

実験線は四二・八キロの予定だったが、地上部分での土地が一部買収できず、結局一九九七年四月、一八・四キロで走行実験が始まった。

実験当初、振動や騒音などの問題が発生した。だが、全員が署名を撤回したあと、なぜか地元の長年の要望であった神社の補修や整備を市が手がけてくれた。

地元は、ますます「実験をやめろ」と言えなくなった。

地元だからこそ声を上げられない。

これは、地方での巨大開発をめぐる全国共通の現象だ。だからこそ「首都圏の人間が声を上げなくては」と立ち上がった人がいる。

電磁波問題の世界で懸樋《かけひ》哲夫を知らない人はいないといっても過言ではない。市民団体「ガウスネット・電磁波問題全国ネットワーク」代表として、高圧線、変電所、携帯電話基地局などからの電磁波の危険性について、懸樋は常に最新情報を集めては発信し続けている。

懸樋が電磁波問題に関わるきっかけは「リニア中央新幹線」計画だった。

一九八八年、薬品会社に勤務していた懸樋は、一年間だけということで、東京本社から山梨県の甲府支社に赴任した。支社の体制の立て直しが目的だった。

山梨滞在中、もともと原発のあり方に疑問を抱いていた懸樋は、上野たちの「青い空の会」に参加する。そして前述のとおり、東電との交渉を契機に生まれた市民団体「市民によるリニア実験線検討委員会」にも加わり、リニアの情報収集を開始した。

懸樋は、リニアがはらむ問題がほとんど報道されないことを危惧した。とくに意識した一つが電磁波の問題だ。

「高圧線からどれだけの電磁波が発生するのか。強力な電磁石を使うリニアの車内と車外ではどれ

だけの電磁波が出るのか。それがはっきりしない計画推進に待ったをかけたいと思いました」(懸樋)

リニア誘致に成功した山梨県。その陰には地元選出の国会議員、自民党の故・金丸信の政治力があった。当時の三塚博外務大臣は、北海道への誘致に力を入れていたが、金丸の熱意と根回しに折れたといわれている。

その金丸が、高級車でリニア実験線のトンネル起工式にやってくると聞き、懸樋たちは「反対」を訴えるために十数人で貸し切りバスに乗って起工式現場に向かった。

「ところが途中で、道にいた新聞記者と名乗る男がバスを止めるんです。何かと思えば、『ここから先はUターンできないから歩くしかない。三〇分以上はかかりますよ。やめたほうがいい』と言う。ヘンだなと思いながら、私たちは車を降りて歩きました。ところが現場に着くと、何のことはない。すでに数十台の車が止まっている。長時間歩かなくてはと言えば諦めるとでも思ったのでしょうか。当時、反対派にはそんな妨害があったものです」

県民が知らぬ間に県庁には「リニア推進局」なる部署ができていた。町では「リニア饅頭」が売られていた。

一九八九年に東京に戻った懸樋は、市民団体「ストップリニア東京連絡会」を結成する。会報「STOP! リニア通信」の発行、集会の開催、デモ、何でもやった。九二年五月二日には、十数名のメンバーとともに、東京から甲府市を目指し、伴走車二台と自転車で出発。リニア実験線の沿線となる山梨県大月市や八代町では、伴走車は「こわい! 電磁波・リニアはいらない」などの幕を張り、自転車隊も各地の個人宅にビラを入れた。最終日の五日には上野らも合流し、甲府市の中心街をデモ行進した。

マスコミで報道されるバラ色の賛成意見ばかりではない――それを伝えたことでは自転車キャラバンの成果はあったと懸樋は振り返る。

リニアのことは、報道されてはいた。ただしそれは、一部の地方紙を除いて、「夢の超特急」としてだ。これでいいのか？ 計画内容を公にしたいと考えていた上野は国会議員を動かした。

一九九一年五月七日、上野ら市民団体の活動を受けて、衆議院議員の長谷百合子（日本社会党）が「リニアモーターカー山梨実験線にかかわる諸問題に関する質問主意書」を衆議院議長に提出した。その質問は多岐にわたるが、リニア問題に欠かせない象徴的な質問と、五月三一日に届いたその答弁の概要を紹介する。

〈質問〉東京電力では柏崎刈羽原子力発電所を増設していますが、これは実験線、さらに将来の実用線のためではないですか。その具体的な目的を明示してください。

〈回答〉特に超電導磁気浮上式鉄道の実験等を目的として柏崎刈羽原子力発電所の増設を行なっている事実はない。

〈質問〉電磁場の人体への影響に関しては、全体としてまとまった研究はまだ行なわれていません。しかし、すでに研究を始められているのであれば、その研究内容と経過を明らかにしてください。

〈回答〉超電導磁石による磁場が動物、乗客、沿線の住民等に与える影響は、日常的に存在する磁場によるものと同程度であり、特に問題はないと考えられる。

〈質問〉トンネル工事により、地盤沈下、地下水脈の破断、温泉の枯渇を指摘する声がありますが、予測されるこれらの事態にどう対処されますか。

〈回答〉今後工事を進めるに当たり、ご指摘の事態により問題が生じることのない設計および施工法が採られることになる。

〈質問〉ボーリング調査の地点と規模、方法について明らかにしてください。

〈回答〉ボーリング調査は、トンネル区間の地点および主な構造物の設置が予定される地点において42本実施されたところである。

〈質問〉山梨の現場では、動植物について現況調査が行なわれていません。すでに送電線建設により、イヌワシは姿を消しました。早急に専門家による現況調査を行なう必要があります。このことについてどのような予定になっていますか。

〔回答〕動植物については、既存の文献等による調査が既に実施されており、今後とも所要の現地調査が行なわれる予定である。

〔質問〕実験線のルートは東部地震の震源地です。万一、地震や事故や妨害のためにガイドウェイが変形した場合、列車位置を知るための交通誘導線が切れてしまう可能性があります。こうなると、ガイドウェイの損傷、即脱線、大事故につながります。事前災害や事故、妨害対策を明らかにしてください。

〔回答〕ガイドウェイ等の施設については、その構造上、地震、事故等により変形又は損傷することはほとんど考えられないが、万一、交通誘導線の切断等の事態が生じた場合には、保安装置が作動し列車は自動的に停止するシステムとなっている。

回答を整理すれば以下だ。

①リニアは原発を電源とするわけではない
②電磁場は問題ない
③地下水枯渇が生じない施工をする
④ボーリングは実施している
⑤動植物の現況調査は文献でしている

⑥リニアは万一の事態でも、列車は自動停止する

いま読み返して思うのは、JR東海は現在もなおほぼ同じ回答を繰り返していることだ。たとえばプロローグで書いたように、いま水源はあちこちで枯渇している。「地下水枯渇が生じない施工」とは、ありえるのか。

四二本のボーリングを実施したというが、上野たちはその現場を見たことは一度もないという。JR東海がボーリング調査をしていないとは断言はしない。ボーリングはしたのだろう。だがJR東海はなぜかその場所を明かさない。それは着工を二〇一四年に控えて行なわれた環境アセスでもそうだ。ほんの数ヵ所を公開する以外、ボーリングの場所をJR東海は住民には明かさない。

アセスの中での動植物の調査も、JR東海はいまも、「これこれこういう動植物について調査しています」との調査項目だけは説明会で説明するが、住民の「どうやって調査を?」の質問には「文献調査で」「後日明らかにします」と答えるだけだ。

そして⑥の「リニアは万一の事態でも自動停止する」——。

賛成派にも反対派にも衝撃が走ったのは、この質問主意書が出された五ヵ月後の一〇月三日。宮崎県の実験線で、実験車両が自動停止せず全焼したのだ。

その日、無人走行をしていた車両のタイヤがパンク、車両が停止した。現場に駆けつけた研究員ら

が乗り込み、時速三〇キロに速度設定して検修庫に戻る途中、車両が突然暴走した。時速一二二キロに達したため中央司令室に緊急停止を要請（リニアには運転士がいないため、加減速や停止はすべて遠隔操作される）。緊急停止装置（金属製のソリ）がコンクリート床をこすり車両は停止。その後再び走り出したものの、また暴走気味になったため二度目の緊急停止。そして四分後に発火し、車両は全焼した。

緊急停止装置が床をこすったときに出た火花が、油圧系の油に引火したと推測されている。

こうした事故があったからリニア技術はダメだと断言するつもりはない。技術は常に失敗を繰り返しながら完成に近づくからだ。それに日本人の、完成への執念は世界に誇ってもいい。だが、技術の完成においてもっとも大切なのは、常に最悪の場合を想定して、それをクリアするためのシミュレーションをいくつも用意し、実証することだ。

だが、この哲学がJR東海には欠けているように思う。タイヤのパンク、暴走、発火。宮崎実験センターの澤田一夫所長（当時）の「予期できなかった」との言葉が印象深い。

JR東海が現在も最悪の場合を想定していないことに私は驚いたことがあるのだが、それは後述する。

▼走らないリニア

バラ色の超特急であったはずのリニア。勉強を重ねるにつれ、上野はリニアを「走る原発」と呼び、川端を講師に呼んでの勉強会、署名運動や集会などを積極的に開いた。だが結局、反対運動は山梨県の外では大きなうねりとならず、一九九七年四月、山梨県の大月市と都留市の間に一八・四キロの実験線が完成し、走行実験が始まった。

リニア実験走行をマスコミは「未来の幕開け」と礼賛した。

だが二年後、反対運動どころか、推進運動もしぼんだ。

リニア実験線の足元の住民から「リニアは本当に大阪まで走るのか？　私たちはだまされた！」の声が上がったからだ。

きっかけは、一九九九年七月六日、自民党の「磁気浮上式鉄道に関する特別委員会」の委員長代理の堀内光雄（衆議院議員）が次のように発言したからだ。

「実験線において、JR東海を中心とした民間主導のプロジェクトでは資金運用面で制約がある」

もともと四二・八キロのはずだった実験線での走行実験は一八・四キロ（これを「先行区間」と呼ぶ）に限られた。リニア実験線にあてがわれた三〇三五億円の予算のうち、この一八・四キロだけで九九年までに約二五〇〇億円が使われることが明らかになり、残りの二四・四キロ（これを「一般区間」と呼ぶ）の建設が怪しくなったのだ。そこで、実験線のために土地を売った住民たちから「実験線は全線開通しないのか。国はいったい何をしているのか⁉」との疑問の声が上がったのは当然のことだった。

そして人々を驚かせた堀内発言の核心部分は、リニアのプロジェクトがJR東海の民間プロジェクトであり、国家プロジェクトではないということだ。

七月一二日、堀内はこうも発言した。

「一般区間の着工を二〇〇五年までに目指し、必要な調査を行なうことを、自民党リニア中央エクスプレス建設促進議員連盟、JR東海、そして運輸省との間で三者合意した」

土地を売った一人、旧境川村（現・笛吹市境川町）の「小山地区リニア対策委員会」のS委員長（当時）は、新聞報道にしばし呆然とした。

一九九九年八月、私はS委員長の自宅を訪ねた。委員長はまず、「ここ初めてですか？ ここはきれいな桃畑だったんですよ」と売った土地のことを説明した。

愛着ある土地をなぜ売ったのか？ S委員長は、「うん」とうなずいてから話し出した。

「もろ手を挙げてリニアに賛成した住民などいませんよ。ましてや土地だって手放したいはずがありません。ところが山梨県に誘致が決まってからというもの、JR東海、JR総研、鉄建公団（現在の独立行政法人・鉄道建設・運輸施設整備支援機構）、そして県職員のお百度が始まりました。土地を売ってくださいって。そこで私たちも、まずはリニアの勉強を始めてみたんです。宮崎の実験線も視察に行きました。ええ、この地区だけでも何十回も勉強会や話し合いをもちました。土地は手放したくない。でも、そうしてしまったのは、結局は、JRや県が訴える『国家的プロジェクトにどうぞご協力ください』『国土の新たな大動脈の構築に土地が必要なんです』といった言葉でした。私たちは『国のために』と泣く泣く土地を手放したんです」

――国家プロジェクトとの説明を受けていたのですか？

「そうです。そういう言葉の入った契約書はないですが、言葉では受けていました」

「近い将来、国費が投入されて名古屋や大阪まで建設されると信じていたのですね？」

「そうです。だから、もしリニアが走らなかったら、私たちはただだまされたことになります。JR東海、JR総研、鉄建公団など、この問題に火をつけた人たちには頭をこすりつけるなり、責任とってもらいますよ！　土地だけの問題ではないんです。土地を売るまでに、この地区のみんながいったい何十回話し合いをもち、どれだけ精神を削ってきたことか。土地を壊しておきながら……」

東八代郡御坂町（現・笛吹市御坂町）の上黒駒地区では、住宅地をリニアが通るため、家々の移転が余儀なくされていた。新聞報道では、上黒駒地区リニア対策委員会のK委員長の「私たちだってもろ手を挙げて賛成したわけではない。長い間、リニアには振り回されてきて、ようやくの思いで移転したんです。いまさらリニアが走らないと言われるのは、バカにされた思いです」と憤りが紹介されていた。

確かに新幹線といえば、誰もが国家プロジェクトと思う。しかし国家「的」プロジェクトではあっても、民間プロジェクトだった。調べてみると、国会答弁などでは、JR東海も国も一度も「国家プロジェクト」という言葉を使っていない。

だが、山梨県は国家プロジェクトだと思っていた。県リニア交通局リニア推進課の三神雅彦課長（当時）に尋ねてみた。

――堀内発言はショックでしたか？

かつての桃畑に立つリニア推進の看板（1999年）。

「初めはね。この一〇年間、私たちも国家プロジェクトとばかり思っていたから」

――でも、JR東海も国も一度も「国家プロジェクト」という言葉を使っていませんよ。県と国との間の契約書に「国家プロジェクト」との文字があるのでしょうか？

「そういう文言ではなく、解釈の問題です。当然、国やJRもそういう解釈をしているとの前提で我々動いてきましたから」

――どうして国家プロジェクトとの認識をおもちになったんですか？

「実験線の場所を決めたのは国ですし、JR東海などが作った計画を承認したのも運輸大臣です。だからこそ県もJR総研に一六〇億円も融資して、鉄建公団の用地買収だって、県が委託を受けて住民と交渉にあたってきたのです」

JR東海広報部に尋ねてみた。

――リニアは大阪まで走るのですか？

「いえ、まだルートも総事業費も未定です。走るかどうかも未定です」

――でも地元住民は、実験線は将来の営業線を兼ねると思っていますよ。だから土地を売ったって。

「リニア中央新幹線はあくまでも基本計画路線で、国と自治体が建設費を出してくれる整備新幹線よりも一ランク下の路線です。リニア実験は技術の完成を目指すものなんです」

――リニア中央新幹線はどうすれば実現するのでしょう？

「国の判断になりますね。私たちも『全国新幹線鉄道整備法』という法律で縛られていますから、運輸省の手順を踏んで決定します。それにどれだけの採算が取れるかまったくわかりません。JRも企業ですから、国がやると決めても、採算がとれないと判断した場合は拒否できます」

住民の受け取り方とはまったく違う。また、この話を聞く前の七月二二日、JR東海リニア開発本部・磯浦克敏本部長は、山梨県で開かれた「実験線未着工区間の早期着工を求める総決起大会」で、住民を前にこう発言していた。

「リニア中央新幹線を造っていこうという目的は我々も県民も一緒。中央新幹線実現のため、実験線を国家的プロジェクトとして国主導で計画の前進が図られることを期待する」

つまりリニア実験は民間プロジェクトだが、実験線の未着工区間の建設は国に金を出してもらう国家プロジェクトにしようとの主旨だ。なのにJR東海広報部の説明は、リニア実験線は将来の営業本線を兼ねない可能性も示唆している。だから実験線はそのまま営業本線になると信じ込まされていた

S委員長は憤ったのだ。

「結局、我々への『国家プロジェクトです』との言葉は何だったのかということです」（S委員長）

このとき、JR東海が予想していたリニア建設費は約五兆円。確かに、これを一企業が捻出するには無理がある（と、当時は誰もが思った）。

では国はどうとらえていたのか。運輸省鉄道局技術企画課に話を聞いた。

――リニア実験は民間プロジェクトとの解釈でよろしいのですね。

「はい。私たちも山梨県や県民の方に国家プロジェクトと思われているのはわかっていますが、いままで一度も国家プロジェクトと表明したことはありません」

――リニアを実用化したいとは考えているのですか？

「国としてぜひ実用化してほしいですよ。ただし実験線の目的はあくまでもリニア技術の完成です。国はその技術開発にかかる四分の一の補助（三八七億円）をする取り決めになっているだけです。つまり、私たちの立場は、あくまでも民間事業の支援です」

――国家プロジェクトではないという根拠は？

「一九七〇年制定の全国新幹線鉄道整備法に基づき、いま一〇以上の路線が新幹線の基本計画として上がっています。一九七三年、中央新幹線もその一つに決定しました。でも予算の都合もあり、国はすべてを同時に建設できません。国はまず五路線（北海道新幹線、東北新幹線、北陸新幹線、九州新幹線・鹿児島ルート、同・長崎ルート）を整備新幹線としてやるとの方針があり、それを飛び越え、中央新幹線に予算投入はできない」

整備新幹線とは、その建設に国からの予算が三分の二、地方自治体から三分の一が充てられる新幹線のことだ。すなわち国家プロジェクトだ。

基本計画レベルの中央新幹線計画にも国費を投入せよというのが山梨県の言い分だったのだろうか。両者の言い分を聞く限り、国に分があると私は思った。

だが、ひたすら「国家プロジェクト」との言葉をちらつかされ、泣く泣く土地を手放した住民には、JR東海の言い分も国の言い分もとうてい受け入れがたいものだ。たとえ国家プロジェクトだとしても、実験線が将来の営業線を兼ねるかどうか確約されていないと知らされていたら、住民は土地を売っていただろうか。

「究極はゼニの問題なんです」と三神課長が漏らしたように、JR東海も国も金を出そうとしないのは、その事業費が莫大だからだ。現在で九兆円と見積もられている。

走行実験開始から二年経った一九九九年、リニアの推進団体も反対団体も、土地を売った住民も、漠然と「リニアは走行実験だけを繰り返してお茶を濁す」「リニア技術を海外に輸出することで落ち着くのでは」と予測していた。

はたして二一世紀に入っても、山梨県での実験だけが延々と繰り返され、リニアの推進運動は熱を失い、実現の可能性が薄くなった以上、反対運動もなくなった。

私も取材をやめた。リニアが大阪まで走ることはない。ところが――。

▼動き出した計画

「リニアを自費で建設する」

二〇〇七年末のJR東海の発表は関係者の度肝を抜いた。しかも事業費は一〇年前に算出されていた五兆円の倍近い九兆円にまで膨れ上がっていた。その金をJR東海は自費負担すると宣言したのだ。まず第一期工事として品川駅から名古屋駅まで建設し、名古屋開通を二〇二五年（のち二〇二七年に修正）、第二期工事となる大阪開通は二〇四五年。

各地の建築団体、商工関係者、観光業者などは色めき立った。

ところがこの計画にJR東海内部から「待った」がかかった。

JR東海には労働組合が四つある。その中で組合員が三八〇人と最小の労働組合が「JR東海労働組合」（以下、JR東海労）である。

JR東海労は一九九一年八月、約一三〇〇人で結成。最大労組である「JR東海ユニオン」から分裂したのだ。最大の理由は「ユニオンはすっかり御用組合になっていた。本社の課長代理が送られてきたほどです。このままじゃいけない。職場から労働運動の灯を消してはいけない。その思いで結成しました」。

こう語るのは小林光昭書記長だ。

どこの労働運動もそうだが、モノ言う労組はつぶされる。JR東海労も、一三〇〇人いた組合員はいま三八〇人。

元組合員のある運転士は、本社の人間に「おまえなあ、そんな運動やっているとホーム業務に回すぞ」と言われたという。運転業務にこだわりたい運転士は組合を脱退した。

組合結成直後には、東京のJR神田駅近くの「居酒屋・つぼ八」で、会社の助役や科長が組合員数人に対して脱退勧奨を行なった通称「つぼ八事件」もあった（後日、JR東海労が提訴。最高裁で勝訴確定）。

会社が組合員に理不尽な姿勢を見せるたび、JR東海労は、抗議文を提出したり、話し合いを求めたりと、常に闘っている。だがモノ言う労組に加入する新入社員はほぼゼロ。入社式のあと、新入社員全員は、最大労組JR東海ユニオンの説明会へと誘導され、そのままユニオンに加入する。JR東海労は厳しい。

二〇〇八年一月九日、JR東海労が会社から自費建設の説明を受けた。小林書記長に疑念が湧いた。

「自費建設といいながら、会社はリニアの建設手順を『全国新幹線鉄道整備法』で踏もうとしています。簡単にいえば、新幹線の建設費用は、国や当該都道府県が負担するという法律です。つまり自費負担で建設するとはいっていますが、資金ショートしたら国民負担を求めるのではと思ったのです」

とはいえ、計画の妥当性を採点するだけの判断材料もない。ＪＲ東海労は一年間という期間を計画についての職場討議に充てることにした。

まず会社に詳細な情報開示を求めた。だがホームページに掲載されていること以上の情報は出されなかった。

「たとえばですが、電磁波のこと一つをとっても、走行車内でどれくらい発生するのかの具体的数値はいわない。ただ国際基準を満たしているから大丈夫としかいいません。騒音や振動の影響についても、建設残土の処理についても、いっさいの具体的回答はありませんでした」（小林書記長）

二〇〇八年六月上旬、小林は月刊誌『世界』（岩波書店）で、「中央リニア新幹線は再考せよ」と題した論文を目にする。書いたのは、かつて日本政策投資銀行の職員として大型事業の調査にあたった橋山禮治郎（千葉商科大学大学院客員教授）だ。橋山は二〇一一年には、『必要か、リニア新幹線』（岩波書店）を著している。

橋山は、リニアには賛成でも反対でもない。むしろ「環境問題、技術問題、採算性の三つをクリアすれば反対する理由はない」という立場で臨んでいる。だがリニアはどれもクリアしているとはいえないことから、計画に厳しい目を向けていた。

小林たちは橋山に会いに行って話を聞いた。橋山もＪＲ東海労で講演を行ない、こう断言した。

「いま計画を見直さないと、ＪＲ東海はつぶれますよ」

以後、ＪＲ東海労は徹底した調査に乗り出すことになる。有識者を招いての勉強会、実験線とその周辺の視察、会社の財務状況の調査……。

「勉強しました。リニアにはいろいろな問題があることがわかってきました。水枯れや処分の難しい膨大な残土問題といった環境問題、予定ルートである長野県大鹿村周辺に存在する『中央構造線』や『糸魚川―静岡構造線』といった活断層を含む断層の存在、電磁波、そして採算性の薄さが見えてきたんです」

そして二〇〇九年六月。JR東海労の中央委員会での討議の結果、「リニア計画に反対」が正式に決議された。

だが、一企業という閉ざされた世界の中で、少人数の組合が「反対」を訴えても世間への訴求力はほぼない。JR東海労は外に打って出ることにした。その足がかりとなったのが市民団体「リニア・市民ネット」開催の集会である。

▼「リニア・市民ネット」の誕生

JR東海労の反対決議の三ヵ月前の二〇〇九年三月、東京・神奈川・山梨・長野などの有志が市民団体「リニア・市民ネット」(代表＝川村晃生慶應義塾大学名誉教授)を結成した。かつて、市民団体「ストップリニア東京連絡会」の代表を務めた懸樋が事務局を務める。

「やはり私も、二〇〇七年一二月までは、リニア計画は自然消滅すると思っていました。ところが、あの『自費建設』発表です。リニアに反対する市民団体も自然消滅していたので、あらためて『計画

を止めたい』と思いました」（懸樋）

そこで、かつてリニアのことで活動していた仲間や新たに関心を抱く者が集まり、学習会を開催。これが「市民ネット」の結成につながる。

会は、結成当時から、リニア営業線は南アルプスにトンネルを開けると判断していた。そこで二〇一〇年から「南アルプスにトンネルを掘らないでください」と銘打った署名活動を開始。二〇一一年一月までに四九四六筆を集め、国土交通大臣に提出した。

そして会結成後、リニアの問題を包括的に報告したのが、二〇一〇年三月に都内で開催した「リニア中央新幹線は必要か？」だ。

ここにJR東海労の鈴木富雄委員長（当時）がパネラーとして参加した。JR東海労としては、初めて世間に向けて意見表明をしたことになる。

「この計画はやめなければなりません。JR東海には三兆円もの借金があるのです。もともと一九八七年の国鉄民営化で、JR東海は国有財産である東海道新幹線を五兆円の借金で購入しました。そして会社の収益の九割をもたらす東海道新幹線のおかげで二兆円を返してきました。なのにいま九兆円もの事業に挑むと会社がつぶれます。国民負担を求めるかもしれません」

この発言に会場のあちこちでざわめきが起きた。リニアに関心ある住民は、どちらかというと環境問題や電磁波問題への関心は強かったが、事業の採算性は見過ごされがちな問題だったのだ。

JR東海は今後三つの借金を背負う。以下は鉄道ジャーナリスト梅原淳氏の著書『鉄道の未来学』

（角川書店）を参考にさせていただいた（二〇一四年二月現在。数字はわずかな変化を見せているかもしれないことをお断りしておく）。

①民営化時の借金。二〇一〇年度での債務残高は三兆一五億円。
②二〇一四年からのリニア新幹線建設費。名古屋まで五兆四三〇〇億円。ただ、東海道新幹線からの収益を毎年リニア新幹線の建設費に充てるので、予測される建設費不足分は一四年間の工期で二兆九七四八億円。
③東海道新幹線の改修費用七三〇八億円。一九六四年の開通から五〇年が経過する新幹線は大規模改修が求められ、ＪＲ東海は大改修を五年前倒し、二〇一三年度から一〇年間の予定で始めた。

③については引当金があるが、全額それでカバーできるのか、銀行融資の額が分からないため、ここでは分かりやすいように、③はあえて外し、②を二〇一四年に金融機関から年利一・五％での融資を受け、三〇年返済するとの仮定で計算してみる。すると、毎年の返済額は以下のとおりになる。
ＪＲ東海の主張は、「民営化に伴い五兆円の借金で東海道新幹線を購入した。順調に返済している。当社は上限五兆円の借金ならば対応できる」というものだ。

年　度	①の返済額	②の返済額	合　計
2014～16年度	4064億円	1232億円	5296億円
2017～43年度	402億円	1232億円	1634億円
2044～51年度	402億円		402億円

だが、この返済額を見る限り、JR東海は乗り切れるのだろうか。とくに最初の三年間の返済額、毎年五二九六億円は、二〇一〇年度営業収益の一兆一七一九億三〇〇〇万円の四五%も占める。一般企業ならつぶれてもおかしくない数字である。

さらに、名古屋開通は二〇二七年だが、大阪までの工事はその八年後の二〇三五年から始まるので、二〇三五年からは再び、毎年数百億円の返済が加わることになる。

しかも、この計算は当初予算ですんだ場合だ。小林（JR東海労書記長）は、工費がそれを上回った場合を恐れる。たとえば地下トンネルの工費は、東京湾横断道路で一キロあたり一〇〇〇億円かかった。高速道路の東京中央環状線で七〇〇億円、地下鉄でも三〇〇億円弱から五〇〇億円だ。

「ところが、リニアの見積もりは約二〇〇億円。甘い試算です。またJR東海はリニア新幹線の運賃を、品川・名古屋間で東海道新幹線＋七〇〇円、品川・大阪間を＋一〇〇〇円との設定予定ですが、もし工期延長↓工費増大↓運賃値上げとなれば、リニア新幹線の収益見通しは不透明になります。JALが二兆三〇〇〇億円の負債で経営破綻したことは忘れてはなりません」（小林）

一九六〇年代から七〇年代の旧国鉄時代の試算では、リニア総事業費の見積りは約三兆。それが九〇年代には五兆円に増えていた。

一九九九年、放送大学で技術評論を教えていた森谷正規教授（当時）を取材したところ、教授は「それではすまない」と予測していた。

「革新的技術は、必ず当初の見積もりの数倍もの出費がかかります。たとえばコンコルドだってその差が七、八倍もある。たいした技術がいらない瀬戸大橋だって二・五倍かかりました。私は、このリニア中央新幹線は一〇兆円はかかると踏んでいます」

はたしていまリニア事業費は九兆円と見積もられている。だが、それですむ保証はどこにもない。

橋山もまた断言する。

「しっかりした需要予測を立てないで、速いからとの利点だけで成功したプロジェクトはありません。コンコルドは結局、料金が四倍でしかも騒音がひどいため世界中の空港から総スカンをくらい、一度も黒字になることなく、最後にはパリのドゴール空港で事故を起こして会社がつぶれました。神奈川県川崎市から千葉県木更津市までを海底トンネルで結んだ東京湾横断道路にしても、従来の高速道路の五分の一の一〇分くらいで行けるのですごい需要があると宣伝されましたが、建設費が当初予定の三倍にもかさみました。開業

1kmあたりの地下鉄・地下道路建設費 ( )内は開業年

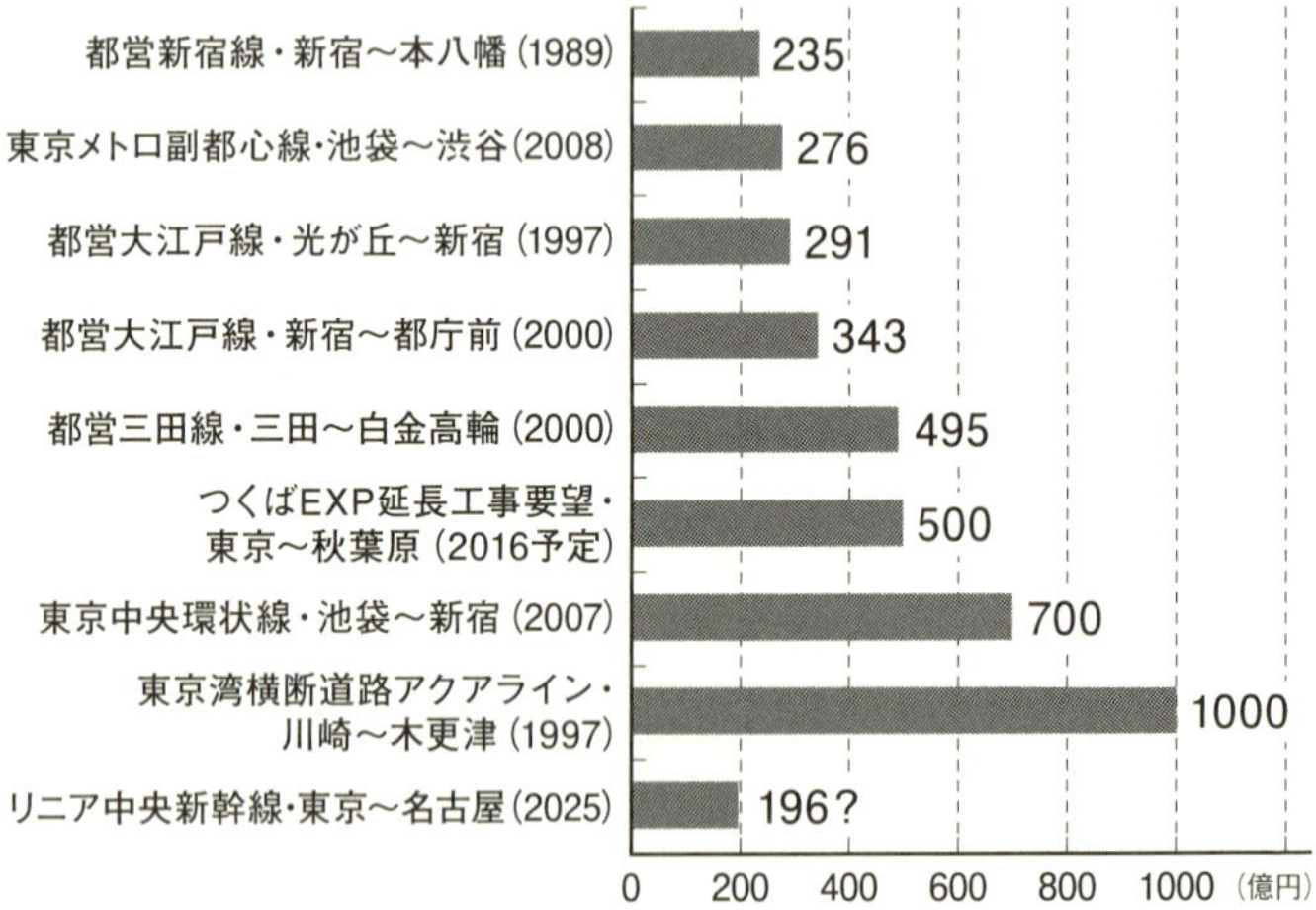

時の通行料金四〇〇〇円も、予想どおりの需要不振で値引きに次ぐ値引きで、現在はＥＴＣ搭載普通車で八〇〇円。それでも需要見込みがメチャクチャなので不採算事業です。需要予測の甘さは会社の倒産につながりかねないことなんです」

話をシンポジウムに戻す。

集会参加者の関心を引いたパネリストがもう一人いた。

リニアが通過するかもしれない長野県大鹿村釜沢地区（世帯数一二）の自治会長のサイモン・ピゴット（六四歳）だ。イギリス出身。翻訳を仕事にしている。

一九七二年。英会話の教師として初来日した。初めの六年間は東京都心で暮らしていたが、同じ東京でも奥多摩山中に暮らしてから山の生活に魅了された。その後、長野県松本市に居住し、一九八九年、初めて訪れた大鹿村釜沢の風景にひと目惚れし、移住を決意した。

大鹿村はもともとＩターン者が多いことで知られ、現在も人口約一一〇〇人のうち約二〇〇人がＩターン者だ。

釜沢は、大鹿村の中心から狭い山道を車で約一〇分ほど上った場所にある。サイモンの住まいは一九二三（大正一二）年建造の民家で、釜沢でも、車道から山のけもの道に入り歩いて五、六分ほど上った斜面に建つ。住むにあたり、釜沢という小さな村のルールを受け入れることを自らに課した。それはイヤイヤではなかった。むしろ自然と受け入れることができた。住民からの信頼を得たサイモンは、やがて自治会長になり、地区の祭りでは氏子総代も務める。近所のつき合いも、どんど焼きもみんな楽しいという。

「この『草の根政治』はとても大切。日本の地域社会のルールを守れば、何の問題もなく生活できます。自治会長なんて心の底からやりたいとは思いませんが、嫌ではないし自然とやれるんです。僕はここでの生活が大好きですから」

大好きな釜沢。そこにJR東海がやってきた。

サイモンはシンポジウムで語った。

「二〇〇八年三月、JR東海によるリニアのためのボーリング調査が釜沢で行なわれました」

私もそうだが、参加者は驚いた。リニアはまだ計画段階ではないのか？　だがそれは法に則った調査だった。

一九七三年、中央新幹線は国の基本計画に決定した（このときは、リニアを走らせるか普通の新幹線を走らせるかは決まっていなかった）。この計画に、当時の運輸大臣が、建設線における地形や地質に関する調査の指示を出したのは一九九〇年二月。これに従い、釜沢でボーリング調査が行なわれたのが二〇〇八年三月だった。JR東海のリニア自費建設の表明からわずか三ヵ月後のことだ。

「ボーリング調査をさせてください」

JR東海の申し出に釜沢から異論は出なかった。大鹿村は山崩れが多く、砂防ダム発祥地といわれるほど山肌のあちこちで公共工事が行なわれてきた。村の高齢者にとって土木作業の経験は誇りであり、それで村が潤ってきた経緯がある。

「だから誰もが、ボーリングも単なる土木事業の一つととらえていたと思うんです」（サイモン）

いざ始まると二四時間体制の工事だった。サイモン宅からは川のせせらぎ程度にしか聞こえない工事音も、現場近くの家屋では騒音となり、釜沢では五月末にJR東海に説明を求めた。

「申し訳ありません」。JR東海の職員はそう言いながらも、「急いでいるので二四時間体制でお願いいたします」と頭を下げた。結局、集落は折れた。

「あのとき、やめてほしいと言うべきだった」とサイモンは悔やむ。

直径一〇センチ、長さ一キロの水平ボーリング調査が終わったのは、同年一〇月だが、工事の騒音を気にした当時の自治会長は他の集落に引っ越していた。その後、サイモンが自治会長を引き継ぐのだ。

「少なくともこれだけは言える」

サイモンが語るのは、「当時、リニアの問題は釜沢だけの問題であり、大鹿村全体では、ほとんど意識されていなかった」ということだ。

二〇一〇年のシンポジウムの時点でもそうだった。

リニアの問題が、大鹿村全体で意識されるのは、そして計画沿線上の全国の自治体で意識されるのは二〇一一年になってからだ。

神奈川県内の路線構造種別（路線延長）と主な施設

地上部	トンネル	駅	車両基地	変電施設	保守用車留置施設	非常口
1.3km	38.1km	1箇所	1箇所	1箇所	1箇所	9箇所

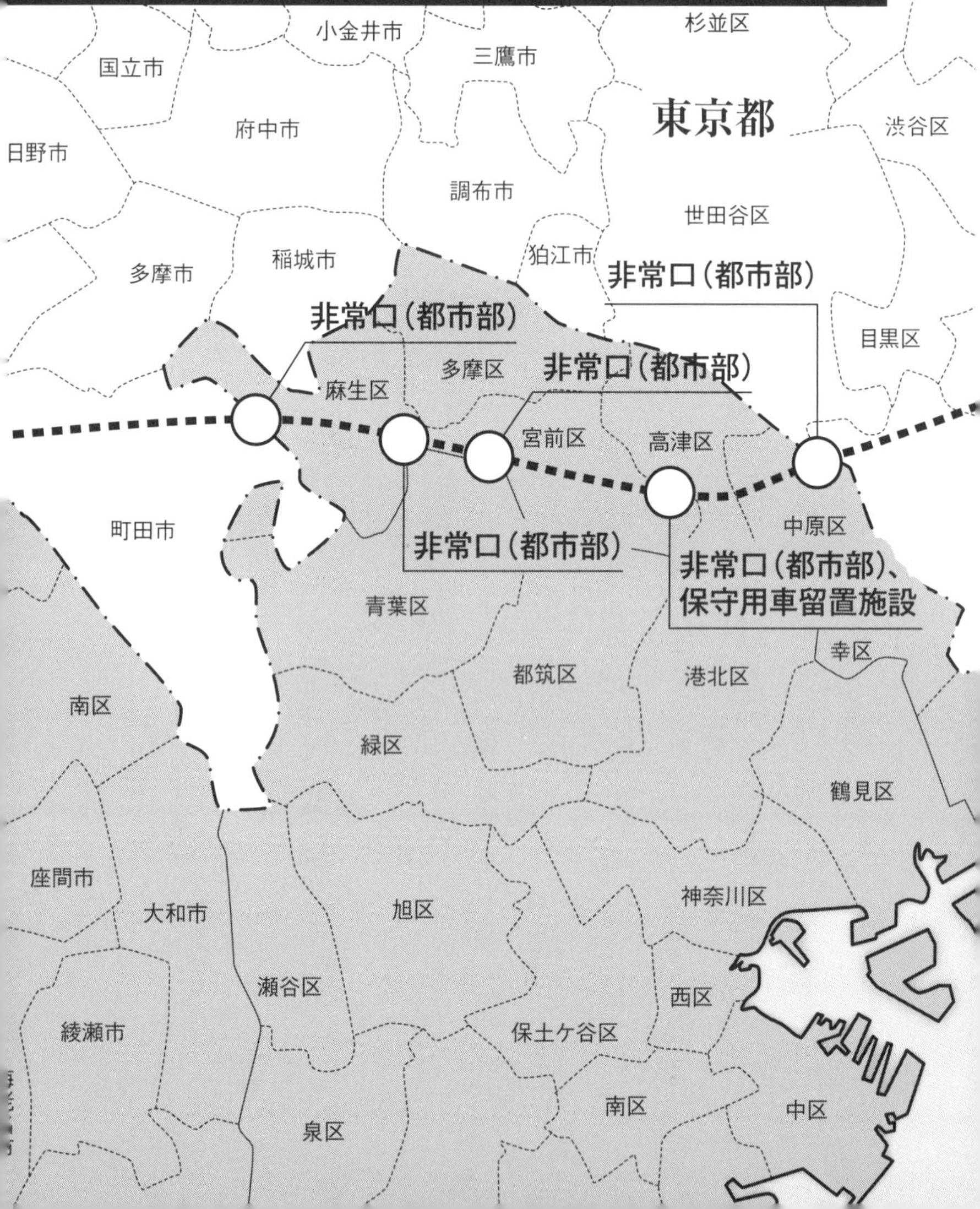

空疎な「方法書」説明会

リニア計画の概要が計画沿線住民に公開されたのは2011年9月。だが、各地での58回に及ぶ住民説明会では「きちんと質問に答えて!」との怒号が飛び交った。

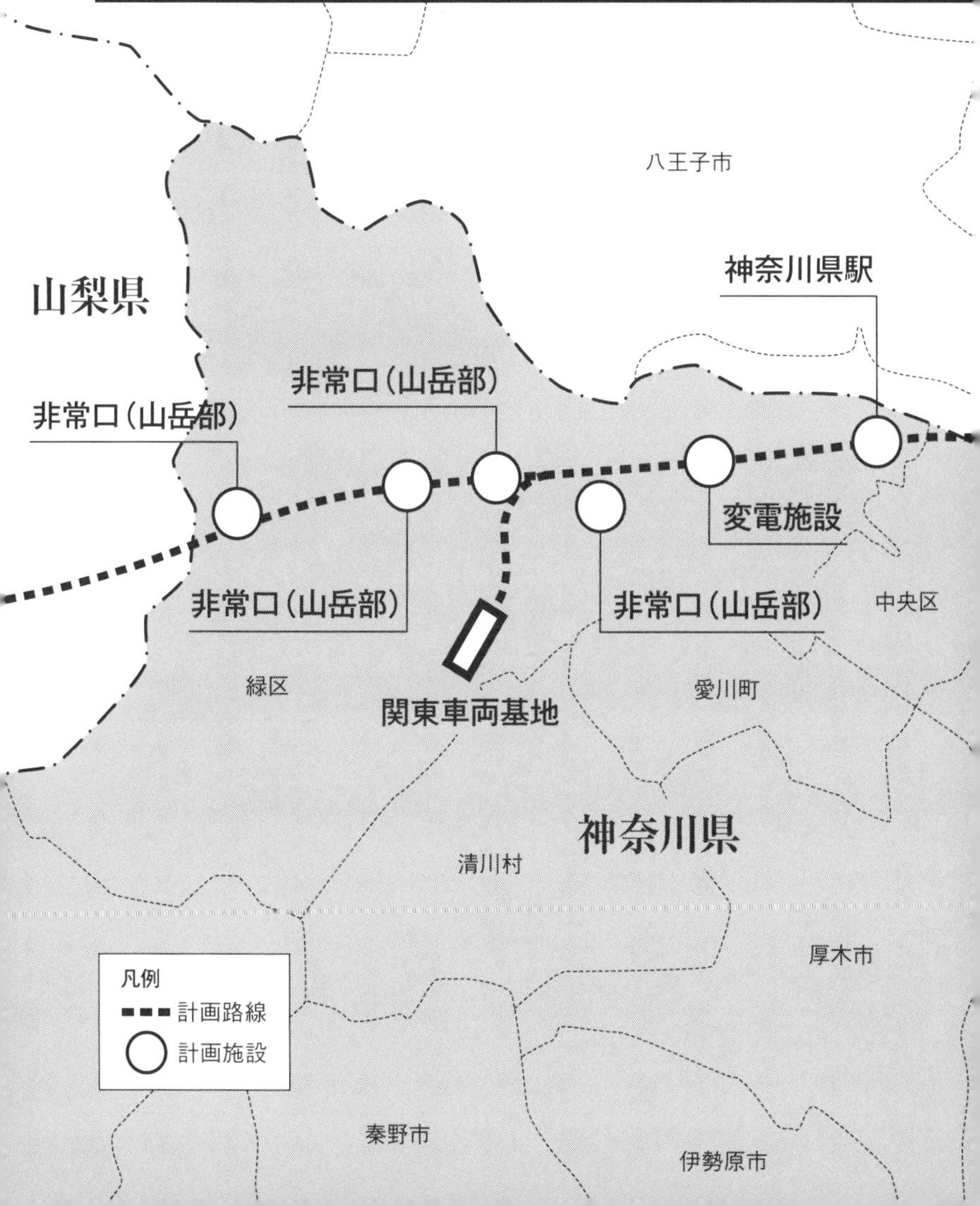

二〇一一年から一二年にかけて、東京都のＪＲ品川駅から愛知県のＪＲ名古屋駅をほぼ直線で結ぶ各地の自治体の住民が、示し合わせたわけでもないのに、いっせいに「新聞」の発行を始めた。

東京の「ストップリニア通信」、長野県飯田市の「飯田リニア通信」、同大鹿村の「リニアを考える新聞」、神奈川県相模原市の「ストップリニアニュース」、同川崎市の「リニア新幹線ＮＥＷＳ・みやまえ」「リニア新幹線ＮＥＷＳ・あさお」「リニア新幹線を考える中原・高津の会ニュース」、岐阜県中津川市の「東濃《とうのう》リニア通信」等々。

月刊あり不定期ありでさまざまだが、新聞名からうかがわれるように、住民たちは「リニアの問題」をそれぞれの地元で共有しようとしている。

実現すれば、東京と大阪は一時間強で結ばれる。多くの国民が知っているのは〝夢の超特急〟といった程度の情報だ。総事業費九兆円という世界最大の鉄道事業の概要や課題を、国もＪＲ東海もマスコミも周知しない。加えて軽視される民意。黙っていられないと、それぞれの地域で住民が立ち上がったのだ。

▼国の民意軽視

リニア建設のため、国とＪＲ東海は以下の手続きを進めてきた。

前述したとおり、一九九〇年二月、運輸大臣が中央新幹線の建設ルートについての調査の指示をＪＲ東海に出した。その調査の一つが大鹿村でのボーリング調査だ。すべての調査が終わり、ＪＲ東海が調査報告を国に出したのは二〇〇九年一二月。

次の手続きとして、二〇一〇年二月二四日、国土交通省は省内に設置した「交通政策審議会」の「鉄道部会・中央新幹線小委員会」（以下、小委員会）に、建設の妥当性を諮問。小委員会は二〇回の審議を重ねたあと、二〇一一年五月一二日に「リニア中央新幹線計画は妥当である」との答申を国に上げる。

小委員会での民意軽視は露骨だった。

小委員会を何度か傍聴した懸樋哲夫は「まったくのセレモニーだった」と振り返る。

「審議の冒頭では、必ずJR東海の職員が計画の説明を行なうのですが、ほとんどの委員が簡単な質問をするけれど、深い議論にはなりませんでした」

とくに二〇一一年四月一四日に開催されたリニアの耐震議論がひどかった。前月に東日本大震災が起きたばかりなのに、審議は、JR東海の説明を受けたあと、わずか一五分で「耐震への追加対策は不要」との判断を下した。

「リニアは、南アルプスの糸魚川―静岡構造線や中央構造線などの巨大活断層をいくつも横切ります。その安全性が、よりによって、震災後のドサクサに紛れるように、たった一五分の議論で判断されるとは……。何日もかけて検証すべき議題なのに」（懸樋）

懸樋が憤りを隠さないのは、小委員会がまったく民意を反映しなかったことだ。小委員会では審議と同時にパブリックコメントも募集したが、八八八件のコメントが集まった。うち計画の中止や再検討を訴えるものは六四八件。計画推進を望む声はわずかに一六件。ところが、小委員会の家田仁委員長（東京大学大学院工学系研究科教授）は、答申の一週間前までに集まったこれら反対の声に対し、「批判は答申を覆す意見ではない」と、民意を無に帰する見解を出したのだ。

この話はさらに裏がある。

二〇一一年当時、リニア計画に正面から異を唱えていた国会議員は、おそらく山崎誠（衆議院・民主党）だけだったが、二〇一一年五月一七日、山崎は国土交通省からリニア中央新幹線についてのレクチャーを受けていた。

小委員会がこの五日前に答申を出したわけだが、山崎はその答申を出す最終委員会についての説明を聴取した。

前述のように、小委員会に集まったパブコメ八八八件のうち、反対意見は六四八件と圧倒的多数。ところが、この結果が小委員会の委員に伝えられたのは、最終委員会開催日の前日の五月一一日の夕方だったというのだ。

しかも国土交通省によれば、「反対意見は数は多いが、多くが組織的な投稿であるので、数は重視していない」とのことで、報告書に紹介されたのは一〇件のみ。

これは情報操作だ。

小委員会の委員も六四八件の反対意見を確認できないことに疑問を呈しなかったとしたら、任務放棄である。

私は、この件で、国土交通省鉄道局幹線鉄道課に質問状を送った。質問の一つは、本当に八八八件もの貴重な意見を小委員会の委員たちに送付しなかったのかということである。

数日後に電話で回答が来た。

「八八八件の意見はＰＤＦファイルに変換してメールで各委員に送っています」

——それはいったいいつ送ったのですか？

「送信記録がないんです」

——ない？　コンピュータで送ったのなら、送信日時はわかるはずです。

「すみません。確認できないんです」

本当に委員たちは貴重な意見を読んだのだろうか。

答申を出した日の記者会見で、ある記者が「早いだけの移動が絶対に必要なのか？」と家田委員長に質した。すると家田委員長は「あなたはそう思っているが、なかには高速で移動したい人もいる。その人たちのためにリニアを造るのだ」と発言した。

それだけの理由で九兆円をつぎ込むのか？　南アルプスに穴を開けるのか？

民意は反映されなかった。

▼不毛な説明会 ——環境影響評価方法書の縦覧——

こうして二〇一一年五月二〇日、国はＪＲ東海を建設主体・営業主体に指名し、二七日に同社に建設の指示を出した。これはＪＲ東海がすぐに着工できるという意味ではなく、「建設に向けて自治体での手続きを踏め」という指示である。

リニア建設に国が最終的な建設許可を出すには、計画沿線上の自治体で、ＪＲ東海が、まず環境影響配慮書」（環境アセスの方針を示した計画書）を縦覧しなければならない。これは二〇一一年六月に公告されたのだが、「機能しなかった」と残念がる人がいる。公益財団法人日本自然保護協会の辻村千尋（四八歳）だ。

「配慮書」は、日本の環境アセスにとっては重要な役割を果たすものになるはずだった。環境アセスは、従来、事業が始まってから実施されていたが、いざ、それで『生態系に問題あり』と発覚しても後戻りできないのが現状だった。

そこで、計画が策定される前の段階で、一つの事業の複数案を比較検討するアセスを行なおうとの主旨で二〇一一年四月に改正され、一三年四月に施行されたのが改正「環境アセスメント法」である。これは「戦略的アセス」（ＳＥＡ）とも呼ばれ、一三年四月の施行を前に、前倒しで、中央新幹線計画にも適用されたのだ。

「つまり、中央新幹線は、『リニア方式か、従来の新幹線方式か』、『南アルプスを貫通するかしない

かの三つの候補ルートのどこを選ぶか』を、ＳＥＡで比較検討されるはずでした」（辻村）
ところが、これを待たずして、小委員会で「リニア方式で」「南アルプス貫通ルート」との答申が出されてしまった。
「ＳＥＡは何ら機能することなく、お飾りで終わってしまったのです。恐いのは、これが悪しき前例となりうることです。つまり、ほかの大型事業でも、ＳＥＡに入る前に、何かの審議会で『こうすべし』と決まってしまったら、ＳＥＡは存在意義がなくなります」（辻村）
次いで二〇一一年九月二七日、ＪＲ東海は環境アセスの対象やアセスの方法などを大まかに描いた「方法書」を住民に縦覧し、住民説明会開催という法的手続きを踏んだ。
ＪＲ東海は各地で説明会を五八回開催した。ここで初めて、計画沿線上の住民がリニア計画の概要を知った。
神奈川県川崎市の伊藤英雄は、自分の住む街の地下を通るリニアとは「どんな計画なのか？」との疑問から説明会に参加した。ところが、参加したことで逆にＪＲ東海への不信感を抱いた。
「方法書では、リニアのルートが幅三キロで描かれていました。川崎市の地下を二〇キロほど通ることもわかりました。東京から大阪までの八割がトンネル走行になること。その際、排気口兼非常口となる直径三〇メートルの立坑を五キロから一〇キロおきに設置することも初めて知りました。でも、私たちはそんな情報だけを知りたくて説明会に参加したんじゃない。

JR東海は、市内で四回ほど説明会を開催し、私はすべてに参加しましたが、住民の疑問にJR東海が真摯に回答しないことに憤りました。『市内のどこに直径三〇メートルもの立坑を造るのか』『トンネル工事や立坑工事で出る建設残土をどこに処分するのか』『地下からの騒音や振動は』などの質問に、JR東海は『環境対策は十分考えております』と繰り返すだけ。しかも、一時間半の説明会のうち一時間が説明ビデオの上映ですよ。質問時間が短いから『もっと詳しく説明を』と説明会延長を求める声が上がるのに、時間がきたらピタリと閉会です。こんなことが四回もあった」

伊藤は、二〇一一年の原発事故を機に、市民団体「脱原発かわさき市民」を有志とともに結成していたが、リニア情報を収集するうちに「こんなことが知られていないとは」と愕然たる思いを覚えた。走行中のリニア車内で発生する電磁波のデータが公開されないこと。山梨県の実験線周辺で河川や沢が枯れたこと。膨大な残土の処理方法が決まっていないこと。そして、従来の新幹線の三倍以上もの電力が必要と知ると、「これは原発再稼働につながるのでは」と、まさしく自分たちの脱原発運動とつながっていることを実感した。

▼計画の大義

JR東海が主張するリニア推進の主な理由は以下の二つだ。

①首都圏を結ぶ大動脈の二重系化で災害に備える
②高速移動による六〇〇〇万人の首都圏の誕生

伊藤とともに「脱原発かわさき市民」で活動していた天野捷一（七〇歳）は、この大義に疑問を覚えた。二重系化。確かに東海道新幹線が大地震で運行不能になれば、リニア中央新幹線に乗客は流れる。その逆もある。

「だが、ちょっと考えれば分かります。流れるのは人だけなんです」（天野）

阪神・淡路大震災や東日本大震災の発生直後、もっとも求められたのは迅速な物流だった。この点で寄与できるのは船舶、飛行機、ヘリコプター、高速道路や一般道路だ。新幹線は物流には寄与しない。

もちろん、人だけを運ぶ役目としてなら、リニアは否定されるべきではない。だが、交通インフラは、一つの突出した交通手段で担保されるものではなく、さまざまな交通手段の組み合わせで成り立っている。実際、両震災では、翌日から、自衛隊、医療従事者、NPOやボランティアは、在来線、飛行機、ヘリコプター、バス、船、乗用車、自転車やオートバイ、徒歩と、あらゆる手段を講じて、物資を携えて現地に入った。

「二つの震災で、新幹線は数十日間も不通となったけど、不満を言った国民は誰もいませんでした。もちろん、震災時にリニア利用のニーズはあると思う人もいるのでしょう。だがそれが絶対的に必要なのかの議論がされたのかの疑問を覚えたんです」

そして、「六〇〇〇万人の首都圏」の誕生。リニア計画沿線周辺に住む六〇〇〇万人が一時間圏内での移動が可能になることから経済が活性化するとの将来像だ。「極めて現実感に乏しい」と天野は語る。

「仮に、それが実現するにしても、二〇四五年という、今から三一年も先の話です。経済活性化を願う事業者は、すでにいま、いろいろな施策を打ち出し実行しています。今、産業界の実態は、人件費を抑えるための非正規雇用が増え、長時間サービス残業を強いるブラック企業が増えている。大企業の言いなりになる中小零細企業の経営は苦しい。これら状況を改善するのは二〇四五年のリニア開通ではなく、今年、来年の迅速な景気対策のはずです」

▼原発一基分の電力を消費するリニア

これら大義への疑問に加え、天野が気になったのは、リニアがもたらすであろうさまざまな問題点だった。

「脱原発かわさき市民」という運動の性格上、やはり、気になったのがリニアの電力消費や原発との絡みだった。

「とんでもないことだ」

と天野が憤る発言がある。

福島第一原発の事故から二ヵ月後の五月一四日、静岡県の浜岡原発が運転停止したのだが、そのわずか一〇日後の産経新聞に、JR東海の葛西敬之会長（二〇一四年度から名誉会長）の「原発継続しか活路はない」と題した談話が掲載されたのだ（要約）。

「原発を止めれば電力供給の不安定化と電力単価の高騰を招き、日本経済の致命傷となる。原子力の利用には、リスクを承知のうえで、それを克服・制御する国民的覚悟が必要。政府は原発をすべて速やかに稼働させるべきだ。この一点に国の存亡がかかっている」

ちなみに、葛西会長は、政府が設置した「東京電力に関する経営・財務調査委員会」の委員であり、委員会は二〇一一年一〇月、野田佳彦首相（当時）に「東電の原発を稼働しなければ五％か一〇％の電気料金値上げが必要」との報告書を提出している。

葛西会長は、二〇一二年五月にも同様の主旨の談話を同紙に掲載している。

さらに同じ五月、小委員会の家田委員長も、「保安院は浜岡原発の停止期間を二年程度としているため、現時点ではリニア計画に影響しない」と、リニア運営には原発稼働が前提となる発言をしている。

もっともJR東海が公に「リニアは原発で走る」と表明したことはただの一度もない。むしろ住民説明会で住民からこの件を質されると、「事実無根。関係ございません」と強調し、必ず以下の数字を示す。

関西電力の大飯原発以外の原発が稼働しなかった二〇一三年夏の予想供給

	走行の前提条件	ピーク時の消費電力
2027年 首都圏～中京圏 開業時想定	ピーク時：5本／時間 所要時間：40分	約27万kW
2045年 首都圏～関西圏 開業時想定	ピーク時：8本／時間 所要時間：67分	約74万kW

出典：中央新幹線環境影響評価書のあらまし

力は、東京電力が五八一三万キロワット、中部電力が二八一七万キロワット、関西電力が二九三二万キロワット。合計で一億一五六二万キロワット。

対してリニアの消費電力は、東京・名古屋が二七万キロワット（一時間片道五本運行を想定）。東京・大阪が七四万キロワット（同八本運行）。東京・大阪間でも三電力会社の発電量のわずか〇・六％にしかすぎないので、原発がなくても運行できる――。

必ず「腑に落ちない」との声が会場から漏れる。

一般家庭の消費電力は約三キロワット。三電力会社の発電量の約〇・〇〇〇〇〇〇〇三％にすぎない。それでも私たちは、原発事故以来、「電力が逼迫している」と聞かされ続け節電の努力をしている。JR東海の言い分が認められるのなら、私たち一般家庭もまた節電などしなくてもいいことになる。

一般家庭の二五万倍もの電力にあたる東京・大阪の移動に必要な七四万キロワットは、事故を起こした福島第一原発二号機の発電量七八万四〇〇〇キロワットとほぼ同じだ。

さらにJR東海は、「オフィスビルのピーク時の消費電力は九〇〇万キロワットある。リニアはそれと比べたらはるかに小さい」と説明する。

オフィスビルは数万社、数十万社もが使用している。ところが、JR東海というたった一つの会社のたった一つの路線が、三電力会社の総出力の〇・六％を使う。これは一社の一事業の電力消費としては日本最大級なのではないのか。

少なくとも、ＪＲ東海自身も、リニアの消費電力は新幹線の三倍であることは認めている。

▼このままではずるずると着工される

リニアでの経済活性があるとすれば、それは二〇四五年以降ではなく、リニアの工事期間だ。つまり建設業界やその周辺産業に金が落ちることにほかならない。もちろん、そこに期待する人もいる。

「こんな村でも、作業員の宿泊や飲食が増える」「資材の運搬だけでも一〇年以上も仕事が入る」「家族を食わしていける」――。

これら一個人や一事業者の意見は無視していいものではない。

だが九兆円を使い、各地の水源を壊し、処理方法も定まらない残土を発生させ、高校を移転させ、終の住処から住民を立ち退かせ、電磁波の不安を解消もできず、もしかすると税負担もあるかもしれず、トンネル内事故の対策も打ち出されない。リニアの大義は、これらの問題点よりも大切なのだろうか。

「だからこそ、その賛否について、リニア推進派、反対派、一般住民、有識者、自治体、ＪＲ東海とが一堂に会して、真剣に公開討論をすべきなんです」（天野）

だが、ＪＲ東海の住民説明会で一貫しているのは、質問を一人三問に制限し、三つの質問を同時に発しなければならないことだ。

ある説明会で、住民が最初の質問をしてから、「ＪＲさんの回答次第で、次の質問を投げます」と言ったとき、司会者（ＪＲ東海社員）が「できません。質問は三つ同時にしてください」と要請した。住民は「そんなバカなことがありますか。そちらの回答しだいで、私は『では、その場合はこうなんですか？』との質問を用意しているんです。質問と回答のやり取りができないじゃないですか！」と憤る。するとと司会者は「ダメです。会場のマイク係は対応してください（マイクを取り上げろとの意味）」と発言した。

会場からも「なぜダメなんだ！」との批判が飛んだが、ＪＲ東海は折れなかった。

そして、ひとたび三回の質問をしたら、質問者はただ回答を聞くだけで、再質問しようにもマイクは戻ってこない。

そして、時間が来たら質問の挙手が上がっていてもピタリと閉会する。

こういった、住民との対峙を避ける推進の仕方に、天野は「このままではズルズル着工される」との焦燥感を

「リニア新幹線を考える東京・神奈川連絡会」はたびたび一般住民向けに集会を開催する。「問題点を初めて知った」と驚く市民が多い。

覚えた。そして、「脱原発かわさき市民」の仲間とともに冊子「リニア中央新幹線を川崎から考える」を制作し、二〇一一年末、「リニア新幹線を考える東京・神奈川連絡会」を結成する。

▼大鹿村の新聞

ほかの数々の「新聞」もほぼ同じ動機から始まっている。

大鹿村から臨む南アルプス（赤石山脈）の象徴ともいえる赤石岳は本当に美しい。標高三一二〇メートル。日本で七番目に高い山だ。季節、時刻、気象の違いでさまざまな表情を見せる赤石岳の麓で、六歳から育ったIターン二世の山根沙姫《さあき》は「同じ山なのに、赤石岳を目にすると涙が出るときもある」と言う。

小さいときはイジメもあって、村が嫌だった。だから中学時代は鹿児島県の離島で山村留学生として暮らした。そのころには村への嫌な思いはなくなったが、村の存在が自分に欠かせないと痛感したのは二〇歳のころだ。旅先で妊娠したとき、夫の出身地である大阪に暮らす選択肢は考えられなかった。真っ先に「私は大鹿村でしか生きられない。帰ろう」と決めた。

帰郷した故郷で見た赤石岳は美しかった。大人になって暮らし始めた村では、自然が、そして人が、自分を育ててくれていると心から感じる。

山根には三人の子どもがいるが、三、四年前、いちばん上の子が一〇歳になるころから沖縄の辺野《への》古《こ》などに通い、沖縄の基地問題解決に力を尽くしたいと思っていた。ところが二〇一〇年秋の新聞報道で、南アルプスにリニアのためのトンネルが掘られるかもしれないと知り、「お金も時間もリニアのことで費やす」生活に変わった。

役場に問い合わせても、村長も新聞報道以上のことは知らない。村主体での勉強会などの計画もない。

「何も知らされないまま工事が進む？　冗談じゃないと思いました。だったら、自分たちでやるしかないと、当時、持続可能な地域社会を大鹿村で実現するためのグループ『大鹿の100年先を育む会』を約三〇人のメンバーで結成していたんですが、その活動の一つとして、リニア問題の周知を決めたんです」

山根と一緒に活動開始する一人に、老舗旅館「右馬允《うまのじょう》」で働く前島久美がいる。

子ども時代は、毎日同じ顔しか見ない村の閉塞感が嫌だった。高校卒業後は、東京の専門学校で学びアパレル業界に就職。その後、ニューヨークでダンスの勉強を三年間続けたが、二〇〇七年に母親の体調不良のため八年ぶりに帰郷する。ところが帰郷を決めたとき、嫌いだったはずの村で、なんとなく自分に何かができる可能性を感じた。

「村を出てからいろいろと経験しました。その私がいま、生まれた土地で何ができるのか、両親がやってきた宿で何ができるのか。太古からの歴史ある村の一員としてできることがあるはずだとの興味が出てきたんです」

故郷では若い人は土地から離れ、耕作放棄地も増えている。そこにリニア問題。

大鹿村を訪れる観光客はその大自然が好きでやってくる。リニアはその自然をどう変えるのか。だが、自分たちもリニアのことを知らない。

「育む会」はまず勉強から始めた。地元の大鹿村中央構造線博物館学芸員の河本和朗（河本明代の夫）からリニアが通る地質が脆いことを学んだ。その名の通り、大鹿村はまさに中央構造線という日本最長の断層の上に位置する。

ＪＲ東海労の小林光昭は、「南アルプスには、地すべりや崩落の頻発地帯もあり、活断層も一〇前後あります。また、いままで一本もトンネルを開けていないので未知の地層もあり、難工事になるはずです」と予測するが、確かに、リニア新幹線が通る予定の長野県大鹿村は、一九六一年の集中豪雨で大西山が崩落し四二人が亡くなった土地だ。

後日、私が地質の脆さについて質問すると、ＪＲ東海広報室は、「（二〇〇八年のボーリング調査で確認した）地質等の状況と確立されている技術を踏まえ、トンネル掘削は可能と判断した」と回答するのだが、この見解に対して河本は、「二〇〇八年にＪＲ東海が作成した『中央新幹線調査報告書』では、地震動と断層変異についてまったく述べていない。東海地域での地震予測ばかりがいわれていますが、実は南アルプスの主稜線の三〇キロから四〇キロ直下までフィリピン海洋プレートが食い込んでいて、南海トラフ震源域も南アルプスの南部にまで伸びています。つまり大地震が起きれば、このあたりも震度七の揺れに見舞われる。トンネルを造るべきでない」と工事遂行に不安を抱いている。

「育む会」は、他地区でリニア問題に取り組む人々を招いての勉強会も重ね、情報を吸収していった。

「新聞を出そう」との山根の提案に「育む会」は同意した。

ただ、一つだけ気をつけることがあった。

「大鹿村では、平成の大合併をするかどうかで村がギスギスしたことがありました。二度と村でそんなことは起こって欲しくない。だから新聞発行は、自分たちの情報がもとで、村を絶対に賛成・反対で二分しないことが絶対条件でした。私たちは賛成・反対を言わない中間的立場でやろうと決めたんです」（前島）

「育む会」が最初に実施したのは、「リニア計画をどう思うか」のアンケート調査だ。山根も前島も村の中に散った。いろいろな意見が集まった。

「土地の買い上げで大鹿は潤えばいい」「村人がリニアの実態を知る機会もなく、話し合わないのがよくない」「JRがやることだからしようがない」「絶対にトンネルを掘ってほしくない」「計画を知らなかった」等々。

その中で、山根がハッとする意見があった。八六歳の女性がこう言ったのだ。

「私はもうすぐいなくなるから、賛成も反対もない。この先、村をつくっていくみんなが考えて話し合って決めたことなら、それに賛同する。みんなを信用しとるで、頼むな」

賛成派も反対派もいていい。だが、よくよくみれば誰も考えてもいないし、話し合ってもいない。みんなで対話をしてほしい。

女性はこの直後に他界した。

「遺言にしよう」と山根は決めた。

これらアンケートの声をまとめた「リニアを考える新聞」第一号は二〇一一年六月に約一〇〇〇部を刷り、育む会のメンバーが村の一軒一軒を回り、留守宅以外は、手渡しした。現在、第七号と号外まで発行しているが、「頑張っているね」との声もあれば、「けったいなもの作りやがって。村はリニアで潤うのに」との反論を受けることがある。そんなときでも、山根は「おじさんも村が好きだからそう言うんだね。私も好きだからこういうことしているんだ」と返す。

人の考えはやすやすとは変えられない。だが、相手が「そういう理由ならあんたの言い分はわかる」と言ってくれるときがある。

「話し合いは本当に大切。意見の違いを認め合う。それが嬉しい」と山根は言う。

▼NO! リニア連絡会

「リニアを考える新聞」第一号を発行した二〇一一年六月、山根はもう一つの組織──「NO！リニア連絡会」を結成した。

新聞発行は中立的立場だが、リニアに対して「NO！」と言う運動もやりたかった。

山根には小学生の子どもがいる。その子が二〇一〇年一〇月のある日、学校で下敷をもらってきた。山根は驚いた。

下敷に印刷されている写真は、山梨実験線で走行するリニア車両。その上部には、「リニア中央新幹線　早期実現と飯田駅設置を」と書かれている。

作成したのは、飯田商工会議所。配布したのは大鹿村商工会。

同会議所の担当者は中日新聞の取材に対して「子どもたちや一般市民など幅広く運動に賛同を得て、盛り上げたい」と答えている。

「なんでリニア推進に子どもを巻き込むのかって、本当に憤りました」

下敷は村内の保育園、小学校、中学校で配布された。ＪＲ東海からの情報公開はない。にもかかわらず、子どもを洗脳するような手口でのリニア推進は許さない。山根は新聞発行の運動とともに、本当の世論を集約するための署名活動をやろうと決めた。そして二〇一一年六月、「ＮＯ！リニア連絡会」を立ち上げた。

以下はその呼びかけ文だ。

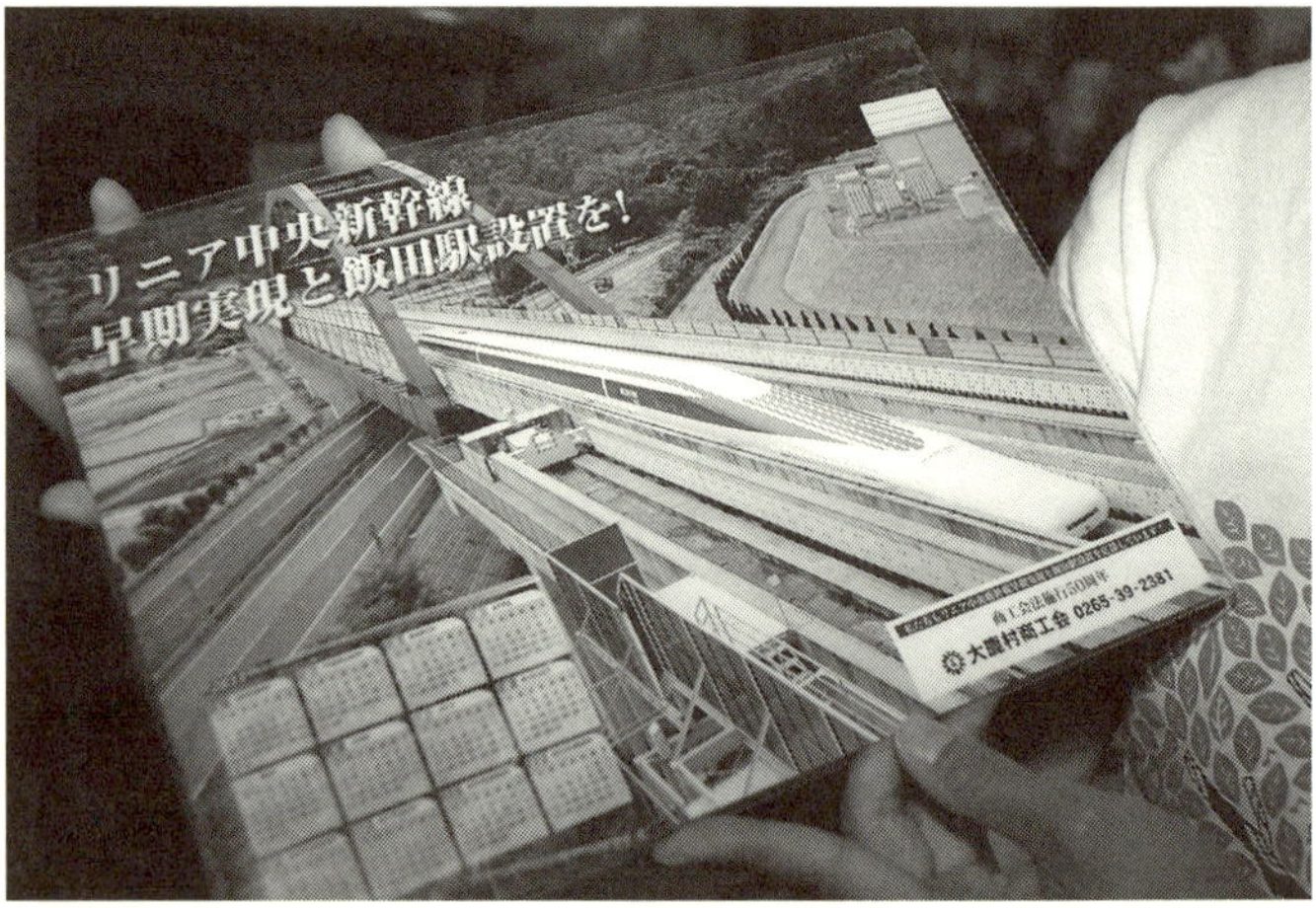

推進団体が小学生らに配布したリニア推進の下敷き。

リニア新幹線については、2010年3月から国の審議会において議論されてきましたが、今年5月12日に最終答申が出され、それに基づいて同月26日に南アルプスを貫くルートが整備計画決定され、二七日には国交省からJR東海に建設指示書が手渡されました。しかしそれは『3・11』以降、世の中のエネルギーへの意識が変化し、リニア構想自体に数多く疑問の声が寄せられている中でその意見は反映されることはなく、また沿線住民への説明などは全く不十分なまま出されたものです。いまリニアは過去の原発の推進がそうであったように、国民の真の認知のないまま計画が進んでいます。

このリニア問題を私たちだけのものでなく、全国的な問題としてその必要性や問題点などを一緒に考えていただきたいと思います。

「リニアは私たちの未来に、本当に必要なものでしょうか。」

そしてそれは、かけがえのない自然を壊してまで造らなくてはいけないものなのでしょうか。沿線の水源の問題、電磁波の影響、トンネル出口（予定）のがけ崩れへの懸念、電力供給（原発が何基も必要といわれる）、廃土の行方など、問題は山積み、説明も不十分なのにこの事業がなかば強引に推し進められるのは一体なぜなのでしょうか。復興に全力を挙げ生活スタイルを見直さなければいけない今、リニア構想は時代に逆行しているとしか思えません。「より早く、より便利に」ではなく、自然と共生し、安心・安全に暮らせる未来を私たちは望んでいます。

2011・6月　～NO！リニア連絡会～

一年後の二〇一二年七月四日。山根は約六〇〇〇筆の署名を集めていた。私にそれを見せながらこう語った。

「まだ集めます。そして、『これが世論だ』ということを私は訴えたい。その思いで署名を集めています。もしこれで工事なんかになったら、その前に立ちはだかってでも自分の主張はぶつけていきたい」

▼大鹿村の説明会

二〇一一年一〇月一八日、村でJR東海の「方法書」に関しての説明会が開催された。方法書の縦覧、そして「リニアを考える新聞」などで計画の概要を知ったためか、会場は満員。質問者の一人が「この日を待ちわびていた」というように、次々と質問の手が挙がった。

「どこにトンネルを掘るのか」

「狭い村のどこに一日に何百台もの工事用トラックが通る道を作るのか」

「残土を処分できる場所が村にはない」

「温泉は枯れないのか」

JR東海は具体的回答ができず、二〇一三年末までに縦覧する「環境影響評価準備書」（具体的な計画書）で明らかにすると回答するにとどまった。つまり着工直前まで回答しないということだ。

この説明会に「ふざけんじゃねえぞ」と憤った一人が、畜産を営む青木清（故人。享年六八）だ。

三五年前、東京から大鹿村に移住。一頭の牛から始めた畜産は、いま九〇頭を育てるまでに拡大した。青木は田舎暮らしで、やりたいことをマイペースで実現してきた。畜産に加え、米や野菜の自給。自宅も数年がかりで独力で建ててしまった。

「田舎って、やろうと思うことを実現できちゃうんだね。都会じゃこうはいかない」

苦労は当然ある。だが、それ以上の手ごたえがある田舎での充足感。自分と同じように移住したい人がいたら応援しよう。この思いから、青木はNPO法人「あんじゃネット大鹿」のスタッフとして、若者の移住を促進する事業に関わっている。移住体験ツアーなどもその一つだ。

だがいま、生活の根幹が揺らいでいる。

青木は水も自給している。自宅の生活用水は山の湧水から、牛の飲み水は沢からパイプで引く。二〇一二年一〇月、青木は私をその水源地に案内してくれた。その途中、自身の苗字と同じ「青木川」に目をやり、しみじみと語った。

「川の音はいいね。幸せを感じるよ」

リニアはその水源地から一~二キロの場所でトンネルを抜けてくるかもしれない。釜沢ではいまもボーリング穴からの出水が続く。そして、もう一つの事実。

「今年（二〇一三年）に入ってから、自宅から二、三キロ先にある村の簡易水道の水源の一つである沢で、県の地滑り対策工事のボーリングを行ないましたが、二つ目の穴を開けたときに、一発です。一発でその水源が枯れてしまいました。リニアの巨大トンネルではいったいどうなるのか。リニアの具体的ルートを知りたい。俺の水はどうなるのか」

だが説明会では、水枯れだけではなく、すべての質問にＪＲ東海は具体的回答をしなかった。「ご理解」を得られぬまま進められる計画。そこに青木は「ふざけんじゃねえぞ」と憤っているのだ。

村はすでに、リニア想定ルートの内側にある村営水道水源、個人水源、湧水などの位置図をＪＲ東海に提出した。ＪＲ東海は、そのホームページでは「着工前に、地元（水利用者）の皆様にご説明をします」と明言しているが、もし青木が計画に反対した場合、ＪＲ東海はどう対処するのだろうか。

▼東京での説明会

東京での説明会も荒れた。

二〇一二年一〇月一六日、稲城市で開かれた説明会に懸樋が少し遅れて会場に着くと、中から一人の男性が「こんなの説明会じゃない！　ふざけるな！」と怒って出てきた。当時、稲城市には数ヵ所の立坑が建設される可能性が明示されていた。直径三〇メートルもある巨大施設だ。だが「どこに穴を掘るかまだわからない」と具体的回答を避けるＪＲ東海に会場の市民は憤った。

「その穴からいったいどれだけの電磁波が出てくるのか」

この質問にもＪＲ東海は具体的数値を挙げなかった。

懸樋も質問した。

「走行中の車内での電磁波は公表されていない。どれくらい強いのか」

「ホームページを見てください」

新幹線の三倍の電力を消費するといわれているリニア。だが、「リニアで使う電力は、東電、中部電力が供給する全電力の〇・三％でしかないとの説明に「（一社でそれだけ使うとは）すごい電力消費じゃないか！」と怒鳴る人もいたという。

ここでも川崎市での説明会と同じだった。時間の短さに、会場からは「もう一度説明会を開いてください」の声が上がったのに、「時間になりましたので、これで説明会は終了します」とＪＲ東海は閉会した。

参加していた女性は、「あんなのって。怒り心頭ですよ」といまも怒りを隠さない。

私が聞いた限り、五八回の説明会の中で、時間延長をしたのはわずかに大鹿村での一ヵ所のみ。十分な説明を果たしたというにはほど遠い。

懸樋は神奈川や東京の他の説明会場にも足を向け、リニアの消費電力や電磁波のことを質問したが、一度も納得のいく回答は得られなかった。

岐阜県の市民団体「東濃リニアを考える会」代表の原重雄は二〇一一年一〇月二〇日、中津川市の説明会に参加した。

原は元ＪＲ東海の社員。ＪＲ東海労働組合のＯＢでもある。だからリニアに関する情報も原のもとには早い段階で入ってきていた。

「住民がいちばん知りたい情報をJR東海は決して出そうとしない。その秘密主義は本当に問題です。たとえば岐阜県多治見市のJR駅舎改革では五一億三〇〇〇万円の工費がかかったのですが、JR東海の負担はわずか五五〇〇万円。そこで市民の一人が、エレベーターとエスカレーターの設備費の積算根拠がわかる公文書公開請求を三回行なってもJR東海は資料提出をしませんでした。そこで市長にJR東海に資料を提出させるよう依頼し、実際、市長はそうしてくれました。それでも、JR東海は資料を出しませんでした。なぜ、これほど情報を出そうとしないのか」

原のリニアに関する関心事の一つは電磁波問題だ。原は説明会で質問をした。

「電磁波は車内で人体に悪影響を与えるのか」

JR東海は数値を挙げずに、ただ「影響はありません」と回答した。

また、「具体的にリニアはどのルートを通るのか」という質問についても「二〇一三年末までに縦覧する『環境影響評価準備書』でお示しします」と回答するだけだった。

「なんら具体的回答を示さないで、ただセレモニー的に手続きを踏んでいるだけ。これで故郷の自然が壊され、誰かが電磁波の被害を受けるのはたまったものではない」

リニアに関して、岐阜県には特有の問題が存在する。

一つが、リニア通過地となる東濃地域に生育するシデコブシ、ハナノキ、ヒトツバタゴ、マメナシなどの「東海丘陵要素植物群」と呼ばれる「自然遺産」の存在だ。

また、同じ東濃地域には日本最大のウラン鉱床が横たわっている。もし、リニアのトンネル工事がここにぶつかると、肺がんを引き起こす気体の放射性物質ラドンが地上に出る（これは後述する）。

原たちはいま、中津川市を中心に積極的にビラまきや集会などの活動を展開している。

▼NOを言わなかった自治体

「方法書」およびその説明会を地域住民はどうとらえたのか？

具体的な数字がある。

JR東海は、方法書の縦覧が始まるとパブリックコメントを募集した。各地から寄せられたパブコメの総数は一〇四二件。前出の小委員会へのパブコメは、国に寄せられたものだが、このパブコメは、まさしくJR東海に直に宛てられたものだ。これは同社のホームページでも閲覧できるが、ほとんどが反対意見で占められている。


「電力会社が原発を誘致した方法に似ている」

「広範囲の自然破壊を強行する企業の姿勢に失望と怒りを感じる」

「スピードだけでは生活は豊かにはならない」

「国民と地域住民への説明不足。『ご理解お願いします』だけですむ問題ではない」

「節電社会の妨げになる」

「地下水が枯渇する」

「立坑建設で環境が破壊される」

「トンネル内事故でどう避難するのか」

「建設残土はどこで処理するのか」等々

二〇一一年一二月二〇日。このパブコメの扱い方をめぐり、神奈川県の川崎市役所第三庁舎の大会議室で、ＪＲ東海への面と向かった批判が飛び交っていた。

「何のために市民から意見をもらったのですか！」

「具体的なプランニングもなく、口頭説明だけでは精査できません！」

「どんな考えで、こんなわかりにくい方法書を作ったのか」

方法書の説明会の終了後は、当該自治体において、自治体が設置する、有識者と住民からなる「環境影響評価審議会」（以下、審議会。ただし、自治体によって名称は多少異なる）で計画が審議された。ここでの審議で、計画の妥当性や課題を当該自治体の首長に答申するのだ。そして首長が答申を了承すれば、ＪＲ東海は次の手続き――準備書の作成――に進める。

この日、川崎市の審議会の冒頭で、ＪＲ東海の職員がパブコメの一部を紹介した。

「沿線の緑や環境を破壊する」

「（五～一〇キロおきに設置する排気口兼脱出口となる直径三〇メートルの）立坑の建設で発生する

残土をどう処理するのか」

「トンネル内で事故や火災が起きたらどう避難するのか」

「原発事故で廃炉や停止が生じ、新たに原発は造れない。大電力をどう確保するのか」

「トンネル工事で水脈を分断し、地下水が枯渇するのでは」

市民団体「脱原発かわさき市民」の伊藤は、JR東海の職員が口にする自らの計画への批判を耳にしながら、さてどんな議論が展開するのかと興味深く傍聴席に座っていた。ところが――。

「驚きました。JR東海の職員は、パブコメを紹介したあと『といったご意見をいただいております』と説明を締めてしまった」

えっと伊藤が思った瞬間、審議会の戸田孔功会長が噛みついた。

「何のために市民から意見をもらったのですか。このような意見がありましたと紹介して、それでいいのか。方法書を作るにあたって県民、市民の意見をどう反映させたのですか！」

「それはこれからやります」

「すぐやってください。何を考えているのか！」

他の委員からも「市内の路線はどうなるのですか。立坑工事はいつからですか。それがはっきりしないと議論そのものができないではないですか。口頭説明だけでは精査できません！」と厳しい口調の意見が飛び交った。

二〇二七年にリニア開通予定の品川・名古屋間は二八六キロ。このうち約二〇キロは川崎市の地下だ。

地下数十メートルを時速五〇〇キロの高速鉄道が通ることでの振動や騒音は？
立坑からどれくらいの電磁波が出てくるのか？
立坑やトンネルの建設残土をどう処分するのか？
地下水が枯渇しないのか？

これらの情報は方法書には記載されていない。審議会でも出てこなかった。そこに強い批判が飛んだのだ。

このＪＲ東海の姿勢に、審議会の委員の一人は「準備書の段階で絞り込むとのことだが、具体的計画は通常は方法書の段階で書く。どのようにお考えになって、こんなわかりにくい方法書を作ったのか」と批判した。

ＪＲ東海はこう答えるだけだった。

「環境影響評価準備書の段階までに詰めて、それから説明いたします」

方法書は、環境影響評価法に定められた手続きの一つだが、住民が絡むものに限れば、リニア建設の手続きは以下の経緯をたどった。

●二〇一一年九月。方法書の縦覧と説明会の開催。パブコメの募集。

●各地の環境影響評価審議会がリニア計画についての答申を市長や知事に提出。
●それを受けた知事が、リニア計画への意見書をJR東海に提出。
●JR東海は環境アセスを開始。
●知事の意見書を踏まえ、JR東海は二〇一三年九月、環境アセスの結果を報告した具体的な計画書「環境影響評価準備書」を作成。それを縦覧し説明会を開催しパブコメを集める。各地の審議会が審議を行ない知事に答申を出し、二〇一四年三月、知事が意見書を出す。
●その意見書を受けて、二〇一四年四月、JR東海は国に「環境影響評価書」を提出。だが、そこから先の手続きは事業認可が下りるまでは、住民がJR東海と対峙する機会はない。

つまりJR東海の「(着工直前の)準備書の段階で説明する」との発言は、説明は今から二年間待てと言ったのに等しい。

伊藤はこれを聞いて、「私たちの意見がどうであれJR東海はやる気だ」と憤りを覚えた。天野も、「向こうが本気なら、こちらも本気でやらねばなりません。リニアに特化した運動をやりましょう」と考え、これが二〇一一年末の「リニア新幹線を考える東京・神奈川連絡会」の結成につながる。

川崎市では審議会が三回の審議を行なったが、二〇一二年一月、結局、伊藤と天野は肩透かしをくらった。

「それだけ厳しい対応をした審議会が、三回の審議後、『方法書をもう一度縦覧すると、大幅な遅滞が生じて、全体の計画に関わることになる』との理由で、『詳細な情報は準備書で示すこと』と、結局はJR東海の意に沿った答申を市に上げてしまったんです。審議会は、他の自治体と横並びにならなければ、この国家的事業を遅らせてしまうと『配慮』したのでしょう」（天野）

この答申を受けた阿部孝夫・川崎市長（当時）も、JR東海に出す意見書で、騒音や振動、地盤沈下や自然環境への徹底調査を求めながらも、結局は方法書の差し戻しを決断しなかった。

二〇一二年一月二五日。「リニア新幹線を考える東京・神奈川連絡会」は阿部市長に、方法書の差し戻しを求める「環境影響評価のやり直しを求める申し入れ書」を提出した。

「（前略）市民の不安や疑問を置き去りにして、手続きだけが先行し、建設に向けて既成事実が積み重なることは許されません。（中略）具体的な対策が方法書では一切明らかにされていません」

だが川崎市の決定は覆らなかった。

天野はこう総括する。

「住民を軽視しているのはJR東海だけではない。地方自治体も同じ。本当に地方分権を自治体が主張するならば、これだけ計画沿線上ではっきりしている民意を無視していいはずがない。僕は、リニア問題は、自治体の民主主義が問われている問題だと思う」

川崎市だけではない。他の自治体でも、審議会で「具体的説明が方法書に記載されていない」との強い批判が飛んでいる。だが結局は、どこも「しっかりと準備書に記載するように」との横並びの答申で知事にゲタを預けている。

その当事者の知事にしても、たとえば岐阜県の古田肇知事は意見書で、日本一の埋蔵量がある東濃地区のウラン鉱脈のルート回避、徹底した環境保全、動植物の保護など三三項目にわたる徹底した調査を求めているが、結局は三四項目目で「一〜三十三の措置等について、準備書に記載すること」と腰砕けの結論を出している。

誰もNOを言わないのだ。

そして二〇一二年二月二八日、リニア計画沿線上の都県の知事は「方法書の内容は妥当」であるとの意見書を国に提出した。

いよいよJR東海は次の手続きである「環境影響評価準備書」の作成に向けて、環境アセスの実施に乗り出した（調査に二年を要する猛禽類のアセスだけは二〇一一年末から始まっていた）。

▼議論がなかった期成同盟会

ただ、計画沿線上の首長たちが方法書の差し戻しを決断しないのはある意味当然だ。

リニアの走行実験が宮崎県で始まった翌年の一九七八年、自民党議連による「リニア中央新幹線建設促進議員連盟」が発足し、七九年には、東京都・神奈川県・山梨県・長野県・岐阜県・愛知県・三重県・奈良県・大阪府の九都府県が「リニア中央新幹線建設促進期成同盟会」を発足させた。つまり九都府県は、リニアの推進者として早期着工を訴えてきた経緯があり、どんな革新派知事が誕生したとしても、おいそれと脱退できない状況にある。

また、それぞれの県にも「リニア中央新幹線建設促進〇〇県期成同盟会」があり（静岡県にはない）、会長には知事が就任することになっている。また、各県でも地域ごとにいくつかの「期成同盟会」が存在する。

これら期成同盟会の主張は一貫している。

「東京・名古屋・大阪を一時間でつなげば六〇〇〇万人の首都圏が現れ、経済が活性する」

六〇〇〇万人首都圏——実感が湧かない経済圏構想だが、では、その実現のため、どれほどの議論が尽くされたのか？

「議論はなかった」と振り返る人がいる。

二〇〇〇年から二〇〇四年まで岐阜県の中津川市長を務めた中川鮮《あきら》だ。

二〇一二年一二月九日、岐阜県中津川市で市民団体「東濃リニアを考える会」主催による「リニア中央新幹線と地域環境を考える学習会」が開催され、中川は元市長として、リニア計画における行政側の問題を指摘した。

中川は、市長就任と同時に、自動的に岐阜県期成同盟会の副会長に就任。そして就任後、初めての期成同盟会の集会で率直な疑問を呈したという。

「当時からリニア計画にはいくつかのルート候補がありましてね。その一つに、南アルプスを回避して北に大きく迂回するルートがあったんです。私の素朴な疑問は、高速性を謳うリニアをわざわざ遠回りで建設するものなのかということでした」

同盟会の集会冒頭の挨拶で、中川は、各地から集まった首長、議員、商工会を前に、「こんな曲がるルートを事業者が想定することはありえない。これはリニア計画とは言えませんね」と発言した。ところが、「何の議論も起きなかった」と中川は振り返る。

中川の発言は単なる挨拶として流され、集会は賛成も反対も質問もなく、ただの説明会で終わった。以後の集会でも、JR東海や県の事務方が作成した資料が淡々と説明されるだけだった。

議論をする場ではない。推進ありきの組織なのだ。中川はあらためて痛感した。そして自治体にも批判の目を向ける。

「地域には、事業者もいれば住民もいる。そのすべてに公平であるべきなのが役所です。ところがリニアに関しては、なぜ役所内にリニアを推進する課があるのでしょう。初めから事業者の側に立っているのです」

これは本当のことだ。調べた限りでも、山梨県のリニア推進課、中津川市のリニア推進課（設置は中川の退任後）、長野県飯田市のリニア対策推進室、長野県のリニア推進振興室、岐阜県恵那市のリニア推進本部、岐阜県のリニア推進事務所等々が存在する。また、各県の期成同盟会も、県の特定部署が事務所になっている。

私は、これら期成同盟会の住民への説明責任は極めて希薄だと考えている。

▼自治体の本音

二〇一三年の六月一三日。私は中津川市にいた。

「方法書」の説明会は終わった。だが二〇一二年から、JR東海と各県の期成同盟会とが共同主催しての住民説明会が始まったからだ。

方法書の説明会が終わってから半年。自主的に独自の説明会を開催するということは、何かしらの進捗を報告するに違いないと思っていた。だがそうではなかった。

会場から次々と上がる反対や疑問の声にJR東海はほとんど具体的に答えず、近くに座っていた男性は「これじゃ、平日に休んで参加した意味がないよ」とぼやいていた。

こんな質問があった。

「建設残土が環境汚染を起こさないか？　ここを走る東名高速道路の工事でも、土壌からの出水に環境基準以上の重金属が検出された。東海環状可児《かご》トンネルでは一〇〇万トンの掘削土を積み上げた処分場から雨で重金属が溶け出し、下流の谷で水生生物が死滅した。私たちの居住地はまともにルートにかかるのです」

JR東海は「法令に基づき処理をいたします」と回答するだけだった。

私が「確かにそうだ」と思ったのは、男性住民からの次の質問だ。

「方法書で示されたリニアのルートは幅三キロもある。現実的に、その幅で県内の長さ数十キロにも及ぶ範囲をたった二年でアセスできるのか？　実際のルートは幅五〇メートルくらいだから、それだけでも六〇倍もの時間がかかることになる」

「幅三キロのアセスは、まず専門家や自治体からの文献調査をします。河川管理者とも調整します。そして絞り込んでいきます」

ＪＲ東海は、実際にどういうアセスをしているかの明言を避けた。

リニアに期待すると発言したのは商工会議所の男性だけ。住民はリニアを受け入れていない。さらに、説明会で住民を失望させたのは、その場にいる期成同盟会（つまり県）からほとんど答弁がなかったことだ。

「駅ができると、一日何本停まるのか？　乗降客の数を教えてほしい」

この質問に、ＪＲ東海は「二〇二七年開業なので、何本停まるかは、そのときの経済状況や発展状況で、直前でないと決められない。乗降人員も答えられない」と答えたが、本来、これは、リニア中間駅の設置を長年訴え、その実現で地域活性化を目指す県や市こそが押さえておくべきテーマではないだろうか。その数字もなく、リニアを軸とした地域おこしもないはずだ。だが、県職員は沈黙していた。

彼らは何を考えているのか。

彼らの本音を、中川の講演を聞いていた地元の女性からの発言で私は知った。

「私の居住地はリニア通過地になります。でも地上を走るので、発生する電磁波が怖くて、中津川市職員を呼んで説明を求めたんです。すると、その職員は『そんな小さなことは大きな利益の前では何にもならない』『自分たちはリニアに来てもらうことでの発展しか考えておらん』と発言したんです」

この発言を受けて、中川は「住民を主体に話を進めないと、自治体はどうにもならなくなる」と警告した。

「リニアは全線をJR東海が建設費を負担し、駅舎も自費建設です。しかし、自治体も、駅の用地買収や駅の周辺整備、道路整備など数十億円、数百億円の負担をする。

私には二つの疑問があります。一つは、リニアが民有地を通る場合、強制収用するのかということです。それを仲介するのは行政。そこまでやるのかと。もう一つが、リニア駅舎ができたからといって、何がいいんですかね？　地域の発展と言いますが、そもそも、リニアが来ないと発展しないような観光は観光じゃないと思います」

岐阜県内のリニア駅は、JR美乃坂本駅近辺に建設される。同駅は二〇一二年まで汲み取りトイレであったことからもわかるように、駅周辺にこれといった観光資源も施設もない。リニアが来るというだけで地域振興が実現するはずがない。

莫大な税金投入に加え、強制収用。そのうえ地域発展にもつながらない可能性。自治体がNOを言えばリニア計画は少なくとも見直される。だが、このとき、誰もNOを言わなかった。しかし、一部ではあるが、いくつかの自治体からリニア計画への懸念の声が上がるときがくる。それは、二〇一三年九月の準備書の縦覧まで待たねばならなかった。それは後述したい。

山梨県内の路線構造種別（路線延長）と主な施設

地上部	トンネル	駅	変電施設	保守基地	非常口
27.1km	56.3km	1 箇所	3 箇所	3 箇所	9 箇所

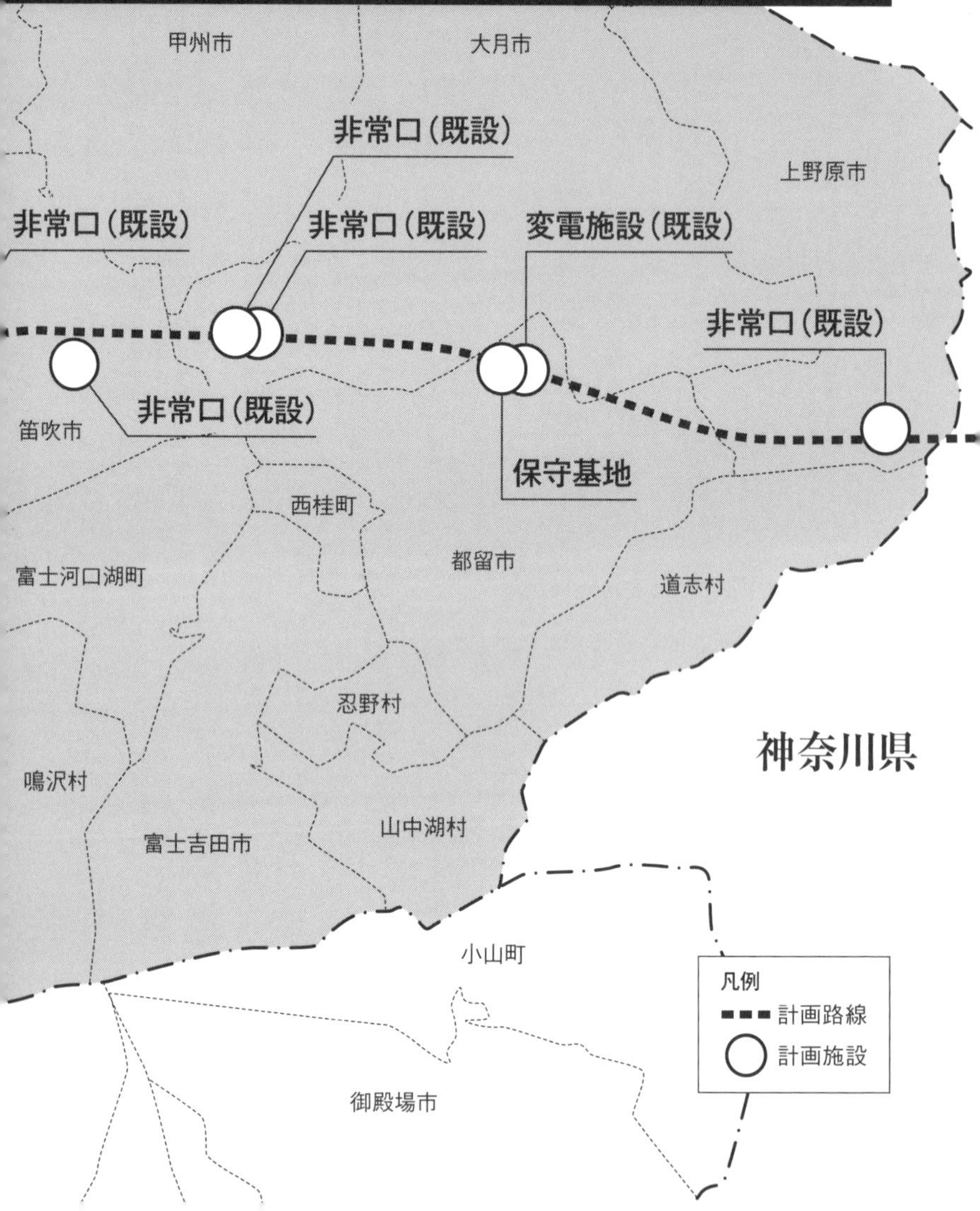

何が問題なのか

リニアでは、電磁波の影響、水資源の枯渇、処分先の決まらぬ膨大な建設残土等々、数々の問題が指摘されるが、最大の問題はリニア計画の徹底検証がないことだ。

▼推進者からの批判

ＪＲ東海のやり方には、推進者からも批判の声が上がっている。

「大深度法」という法律がある。正確には「大深度地下の公共的使用に関する特別措置法」。施行は二〇〇一年。

これは、これまで利用されてこなかった、おおむね地下四〇メートル以深の地下（大深度）を利用するには、地上の地主との交渉も補償も不要とした法律だ。実際、大深度法なくしてリニア建設の実現性はない。

ＪＲ東海が一九九六年に作成した「中央新幹線および山梨リニア実験線ご説明資料」には、「臨時大深度地下利用調査会について（概要）」という資料が添付されている。この調査会は、大深度法の適応が可能かどうかを調査する、総理府の下に置かれた三年間の時限的組織だ。つまりＪＲ東海の意向を汲んだ動きが国会ですでに進んでいたということだ。

この法案を議員立法で発議した野沢太三・元参議院議員は、旧国鉄の施設局長を務め、九〇年代は自民党の「リニア中央エクスプレス建設議員連盟」の事務局長だった。その背景から、すでにリニアとの結びつきが匂ってくるが、その著著『新幹線の軌跡と展望』（創英社）の中でこう述べている。

「時速五百キロのリニアは、民地、公有地の区別なくひたすらまっすぐ進むから、大深度でないと不可能」

二〇一二年夏、現在は政界から退いている本人に電話をしてみた。

――法案作成時において、リニアを意識した議員立法だったのですか？

「いえ、都市計画全般を考えました。これまで神戸の送水管敷設に、今後は東京の外環自動車道にも活用します。とはいえ法案作成時は、リニアにも不可欠との思いはありましたよ」

これは想定内の回答だった。ところが話を進めるうちに、リニア推進派である野沢から意外な言葉が飛び出してきた。

「私はいまのリニア計画の推進の仕方に不満があります」

理由は二つ。

一つ目。野沢は当初からリニアは東京から大阪まで一気に造るべきだと主張していた。ところが国家予算があてがわれず、JR東海の自費建設となったことで、JR東海は二〇二七年に品川・名古屋を開通するものの、大阪までの工事は八年後の二〇三五年に着工し四五年に竣工する。これは、その八年間で返すべき債務をある程度返し、会社の経営基盤を再構築するためだ。ところがリニア開通を一八年間も待たねばならない名古屋以西の経済界の一部が「関西経済に影響が出る」と不満をあらわにしているのだ。

これに同調するかのように、自民党でも、「大阪―東京間の同時開通を目指す自民党国会議員連盟」が二〇一一年六月に設立されている。事務局長の田野瀬良太郎・衆議院議員にその主旨を尋ねたが、「まだ答えられない」と取材は断られた。ただインターネットでは、田野瀬議員の「東京一極集中による国土の不均衡の是正、新しい国土交通軸の形成、東海道新幹線の代替機能としてリニアの早期同時開通は必要」との主張を見ることができる。

名古屋以西を後回しにする点については、ＪＲ東海は譲れない。いまですら厳しい建設資金が、名古屋・大阪間同時開通となると工事費用の捻出はほぼ不可能だからだ。

だが野沢は、「金の捻出は、国、地方、そして住民が知恵を絞って議論することです。そもそも国を動かすのは、地方の人の努力以外にありませんから」と力説する。

「考えてみてください。二〇二七年から四五年までの一八年間で、たとえば東京と大阪間を移動する重い荷物を持ったビジネスマンが、わざわざ名古屋でリニアから東海道新幹線に、もしくは新幹線からリニアに乗り換えるでしょうか？　列車の移動で大切なのは、一つの空間と時間を連続的に確保できることです。私はわざわざ乗り換える人は多くないと思う。最初から新幹線を選ぶ人が多いはず。これではリニアの収益も伸びない。そうなると名古屋・大阪間の工事だってどうなるか」

これは、推進派としての不満である。

二つ目。野沢はこう言い切った。

「いまのような、推進派だけでワイワイとリニア建設に走るやり方はだめです」

野沢は隠すことなくリニア推進派だ。その野沢からのそんな言葉は意外だった。

――どういうことでしょうか？

「これほどの国家的大事業なら、反対派の人も交えて徹底的に議論をして結論を導き出すべきです。

そうしたことをやってこなかったのが原発政策です。昔からその危険性を訴える人たちがいたのに、『安全です』『事故は起こりませんから』と、危険性を指摘する意見に耳を傾けてこなかった。そして、あの福島第一原発の事故が起こりました」

――つまり、リニアでは住民を交えての検証が行なわれていないことが気になるのですね。

「そうです。住民を交えての、必要性の是非や安全性についての徹底議論をJR東海や国や自治体はやるべきです。原発と同じ過ちを繰り返してはなりません」

この見識は正しい。どのような問題でも賛成派はいるし、反対派がいる。必要不可欠なのは関係者が集まっての徹底討論なのだ。

野沢の発議で成立した大深度法はリニア建設を容易なものにしただけに、その批判はあちこちで聞こえてくる。それでも野沢の「住民の意見に耳を傾けるべき」「徹底した討論を」という姿勢を、同じ推進者であるJR東海には見てほしいと思う。

▼海外での事例

目を海外に向けてみる。というのは、リニア計画は日本独自のものではないので、海外では国の判断や民意がどう計画に影響したかを、簡単に紹介したいからだ。

まずドイツ。ドイツでは、日本の「超伝導磁石」方式に対して「常伝導磁石」方式という、通常温度での電磁石を利用してのリニア開発を進めていた。ミュンヘン市内とミュンヘン空港との三七キロを、最高時速四五〇キロで走行、およそ一〇分で結ぶ予定だった。

二〇〇六年、ドイツのリニア実験線で、走行中のリニアが停止していた工事用車両と衝突し、試乗者が二三人死亡するという事故が起きた。加えて、当初の事業費約二九〇〇億円が、そのうち倍近くの約五五〇〇億円に膨れ上がることから、二〇〇八年、ドイツ政府は開発中止を決定した。

そのドイツが、リニアを売り込んでいたのが中国の上海だ。

現在、上海では、空港から市の中心部に向かって三〇キロ地点までをリニアが七分半で走っている。乗車した私の知人も「速かった」と言っていたが、同時に「不便だった」とも言った。というのは、市内に行くにはリニア終点からバスに乗り換えなくてはならないからだ。二〇〇八年一月、リニアが発生させる強力な電磁波による健康被害を恐れた数千人もの上海市民が、「リニア反対」「家を守れ」と連呼し、プラカードなどを掲げて大規模なデモを展開した。その結果、当局が延伸中止を決めたからだ。

言論規制が厳しく、民意の表明が難しいと思われがちな中国で、「速さよりも健康を」と声を上げた住民に当局は応えた。

膨れ上がる予算から断念、または健康被害を考慮し延伸中止。ドイツや中国のこうしたケースを知ると、いったん動き出した計画は問題が発覚しても止まらないといった、日本の行政の後進性と硬直性が浮かび上がってくる。

▼自治体にも隠される情報

二〇一二年六月一四日。「リニア新幹線を考える東京・神奈川連絡会」のメンバー六、七人が川崎市まちづくり局交通政策室を訪れた。

その直前、代表の天野捷一はこう語った。

「あまりにも僕たち市民にJR東海に関する情報が来ない。そういう中で、JR東海が着々と工事の準備をしている。これはやはり許容できないと思ったんです」

きっかけは、六月上旬、JR東海が市に「環境アセスのための地質調査を行なうので市有地数ヵ所を貸してほしい」との要請書を出したことだった。ところが、このことは市民には知らされず、たまたま関係者からこの情報を知った天野は、「市民が蚊帳の外に置かれている」と思った。

当時、JR東海は品川・名古屋間で調査するルートを公表していたが、幅が三キロと広大で、距離は川崎市だけでも二〇キロある。

「つまり、今後も数十ヵ所の調査が行なわれますね。市有地は私たち市民の財産。申請内容は市民に明らかにすべきです」

まちづくり局交通政策室を訪ねたのは、この要望のためだった。

天野たちは事前に推測していた。JR東海がどこで調査を行なうのか？　無駄な作業を省くためにも、地質調査とは実質、立坑建設のための調査なのではないのか？　なぜなら川崎市内では、リニアは地下を通過するだけで、地上に建築するものは立坑しかないからだ。直径三〇メートルの立坑建設には、そうとうの敷地が必要だ。そういった敷地は、

- **公有地**
- **ＪＲの敷地**
- **民有地**（ＪＲに売却できそうな遊んでいる土地）

のどれかだ。

さらにリニアは最小曲半径が八キロであること、立坑は五キロおきに設置するとの条件から、「連絡会」は地図上で直径三〇メートル以上をとれる三カ所の土地を候補地として推測した。

まちづくり局を訪れると、二ヵ所はドンピシャリだった。

川崎市内でＪＲ東海が選定した三ヵ所の調査地点は、「等々力《とどろき》緑地」「市消防総合訓練所・宮前美しの森公園」「王禅寺緑地保全地区」。この三カ所はほぼ直線で結ばれている。

「間違いなくリニアのルートです」（天野）

もっともＪＲ東海は、間違ってもそこに立坑を建設するとは公表しない。だが天野は、自分たちの推測が当たった以上、その近くに立坑が建設されると断言する。つまり、とっくのとうにＪＲ東海は具体的ルートを絞り込んでいるということだ。

「ＪＲ東海の調査場所の情報を提供してください」

連絡会の要請に対し、まちづくり局の職員は、

川崎市の等々力緑地公園を視察する市民団体。2011年からJR東海がボーリング調査をしたが、作業終了後に保全措置を取らなかったため、随時水が地表に染み出し、そこだけ円形の草むらになった。

「JR東海だから情報を隠す隠さないではない。他の民間業者でも、土地の使用許可があった場合は、その業務が該当する土地に支障があるかないかで判断して貸しているだけなので、今回許可した。だから、とくにそれを市民に情報公開もしなかった。ただJR東海の調査が立坑の調査であるかどうかはわからない」

と回答した。今後も情報公開はしないという。

話し合いではほかにもいろんなやりとりがあった。

――三ヵ所以外でも調査しているのか？

「わからない」

――立坑は何ヵ所になるのか？

「具体的には聞いていない」

――環境アセスを請け負っている法人名は？

「知ってどうしますか？　情報公開請求すれば

出せると思いますが」

――等々力緑地ではボーリング調査をしているのか？

「はい」

――私たちは、「調査するから土地を貸してくれ、だけど情報公開はしない」というJR東海の態度は納得できない。市はそれでいいのか？　市民は推測するしかない。JR東海に要求をしてください。

ここで、まちづくり局の職員は印象的な回答をした。

「JR東海に問い合わせても個別情報が出てきません。今回の調査はあくまで方法書で明らかにするといっている地質、動植物、大気の調査にとどまっているので、市としてもモノ申すことができません。JR東海は調査地点を出したくないんです。立坑の位置だって『絞り込みます』と言うだけです。市も市民同様、立坑の建設位置などの個別情報を知りたいんです」

天野は、市は立坑の位置を把握しているはずと考えているが、もしこのまちづくり局の職員の発言が市の本音だとすると、JR東海は自治体にも情報公開をしていないことになる。そして、その自治体は住民に情報公開をしない。

長野県大鹿村のサイモン・ピゴットが住む釜沢は、リニアの幅三キロで想定されたルートに入る。実際、釜沢は二〇〇八年のボーリング調査が行なわれた場所である。

ボーリング調査が終わったとき、大鹿村の村長は「その後の経過を知りたい」とJR東海に要請したようだが、結局、情報は開示されなかった。

大鹿村は「リニア中央新幹線建設推進飯伊連絡調整会議」の構成メンバーである。それでも情報が入らない。

大鹿村は今、リニア計画への強い懸念を表しているが、それは後述する。

▼何が問題なのか

『必要か、リニア新幹線』（岩波書店）の著者、橋山禮治郎はリニア計画自体には賛成でも反対でもない立場だ。

かつて日本開発銀行（現・日本政策投資銀行）の調査部長として数多くの大型事業の評価を手がけてきた経験から、事業が成功するには以下の三つの要素が不可欠だと語る。

①安定的に利益が出る「採算性」
②安全を保証する「技術」
③「環境」への低負荷対策

しかし、この三点とも、リニア計画は及第点に達していないと橋山は断言する。

「加えて、問題とすべきは、これら課題について国民的検証がなされていないことです。検証に必要な情報の周知もなされていない。『時速五〇〇キロ』とか『東京から大阪まで一時間』といったバラ色のイメージだけの計画推進に私は危惧を覚えます。ＪＲ東海という一民間組織の事業とはいえ、これは基幹交通という国の根幹に関わる『準国家事業』です。必要なのは一つひとつの課題を、ＪＲ東海、国、自治体、沿線住民、有識者が、最悪の場合をシミュレーションしながら真剣に話し合う国民的検証です。そうすれば必ず被害は最小限に抑えられる。だがＪＲ東海にその気はないようです」

橋山は、国土交通省の小委員会の二〇回の審議をすべて傍聴している。

だが、その審議の浅さに呆れると同時に、情報が周知されないなかでも集まった、ほとんどが反対意見の八八八件のパブコメが無視されたことに憤りを覚えている。

このまま巨大事業が推進すれば、沿線住民、ひいては国民に禍根を残す。橋山はいま、各地の市民団体に請われて精力的にリニア問題を伝えている。

▼電磁波

リニア中央新幹線について、ＪＲ東海は積極的な情報公開をしない。

なかでも、頑なと思えるほどに公開しない情報の一つが、「時速五〇〇キロでの走行中に車内でどれくらいの強さの電磁波が発生するか」である。

これは住民説明会で住民側からよく出される疑問の一つだ。ＪＲ東海が具体的数値を示したことはない。

とくに電磁波を問題視している一人が、市民団体「リニア市民ネット」の東京連絡先でもあり、市民団体「ガウスネット・電磁波問題全国ネットワーク」代表の懸樋哲夫だ。

一九九二年五月に懸樋が中心となり、東京から山梨県甲府市まで、リニア問題を訴える自転車キャラバンを実施したことはすでに書いたが、懸樋のもとには、リニアとは直接関係はないが、「高圧送電線の下に住んでいるが大丈夫だろうか」といった相談がポツポツ寄せられるようになっていた。

電磁波の専門家でもない自分にこんな相談が来るということは、電磁波に不安を抱く人が多いに違いない。また専門家が少ないに違いない。実際、電磁波の情報を周知しようと努めている専門家を探してもほとんどいなかった。

電磁波問題を探ろうと、懸樋は一九九三年五月、市民団体「高圧線問題全国ネットワーク」(後日、「ガウスネット・電磁波問題全国ネットワーク」に改称)を立ち上げる。

「日本初」の電磁波問題を訴える市民団体の結成を機に、雑誌が電磁波問題を取り上げるようになった。反響がもっとも大きかったのは、九五年、テレビ朝日の報道番組「ザ・スクープ」で取り上げられたときだ。

「番組終了後、電話が一日中鳴りっぱなしです。そのほとんどが高圧線や変電所ができてから体調が悪くなった、もしくは不安を感じるといった内容でした」(懸樋)

ネットワーク会員はあれよあれよという間に一〇〇〇人に達した。そしてわかった事実。高圧線が学校の校舎や校庭の上を横切る地域が少なくないことだ。

「私が住む東大和市（東京都）もそうです。近くの小学校ではかつて、先生が立て続けにがんで五、六人亡くなり、『呪われている』と噂されました。行ってみると、校庭上空を二七万五〇〇〇ボルトという高圧線が横切っていた。民有地と違って公有地ならば、行政からの許可だけで、校庭という広い土地に高圧線を通すことができるんです」

企業の都合のために、人々の健康が害されていいものか？　電磁波問題に関わってから、懸樋は「腹の立ちどおし」だという。

海外では、電磁波とがんの因果関係を突き止めようとする研究が進んでいる。たとえば一九九二年、スウェーデンのカロリンスカ研究所は、一九六〇年から八五年までの疾病データをもとに、送電線から三二五メートル以内に一年以上住んだ子どもたちを調査。その結果、三ミリガウス以上の被曝で小児白血病の発病率が三・八倍、二ミリガウス以上で二・七倍になるという報告を出している。

日本の行政は電磁波問題をまったく取り扱わず、メディアも鈍感だ。たとえば「ザ・スクープ」放映後、東京電力が番組関係者に「こちらにもデータがあるのでお伺いします」と連絡を入れ、その後、同社は「ザ・スクープ」のスポンサーとなり、以後、電磁波問題が番組で扱われることはなくなったという。

福島第一・第二原発から東京に一〇〇万ボルトの高圧線が敷設されるときも、懸樋は「福島からわざわざ東京に電気を運ぶのはおかしい」「健康被害の可能性がある」と、高圧線の下にある民有地を有志で買い上げる一坪共有地運動を開始した。この一坪共有地は県の収用委員会に諮られたが、形だけの審理を経て強制収用された。

このときの仲間には、現在、福島原発告訴団団長を務める武藤頼子もいる。

「収用委員会はただのセレモニーだった。皆が怒っていました」（懸樋）

高圧線付近では本当に健康被害が発生するのか？

確かな因果関係の証明は難しい。研究者の見解もさまざまだ。だが、私はこの件で忘れられない取材をしたことがある。

一九九八年。大阪府門真市の古川橋変電所――。

噂は本当だった。その送電塔の真下では、上にかざしただけで、手に持った蛍光管がボワーと光った。

そこには生駒山系からの一五万ボルトの高圧送電線のすべてが集まっている。

現場近くに住んでいた大西勇（故人）は、町内約二五〇人のうち、亡くなった人の家を地図上にマークすると、白血病死亡者が高圧線付近に集中することを見出した。その数、高圧線群を中心に直径一五〇メートルの範囲で、過去一〇年で一八人。死亡年齢は七歳から七二歳。大阪府平均の白血病死亡率の一二〇倍以上だ。がんで入退院している患者が一七人。大西は苦々しそうに私に語った。

「私にも他人事ではないですわ。一九六七年まで、自宅屋根のわずか二・七メートル上を七万七〇〇〇

門真市は高圧線で覆われている。変電所近くでガン死の多さが噂されていた。

ボルトの送電線が通っていましてな（その後埋設）。八四年、次男が精神病を発病し、去年（九七年）には長男が胆のうポリープを発症です。こんなことが続くなんて、原因は送電線しか考えられません。悔しいのひと言です」

大西宅で記録された電磁波は二〇ミリガウス。懸樋も現地を訪れているが、いちばん強いところでは一〇〇ミリガウス以上を計測し衝撃を受けたという。前述のカロリンスカ研究所が出した危険レベル三ミリガウスを大きく上回る。

私も懸樋も驚いたのが、送電塔の真下に保育園があることだ。小さい子どもたちが一日一〇時間前後も強い電磁波を浴びている……。日本は、先進国で唯一、高圧線の真下での住宅建設が許されている国なのだ。

門真市に限らず、高圧線は日本全国を走っている。一〇〇万ボルトの超高圧線の場合、二〇〇メートル離れても、その磁界値はなお四ミリガウスを示すという。リニア実験線には柏崎刈羽原発（新潟県）から四〇〇本以上の送電塔で五〇〇万ボルト（設計は一〇〇万ボルト）という高圧線が敷設されている。もしリニアが全線開通すれば、どの発電所からどの変電所にまで高圧線が敷設されるのか。その情報はいっさいない。

話をリニアに戻す。

一時は自然消滅すると思われていたリニア計画だが、二〇〇七年末、ＪＲ東海が九兆円もの建設費を「自費負担」すると発表してから事態は動いた。計画沿線上の自治体は色めき立ち、沿線上の住民は驚いた。懸樋も「止めなければ」とあらためて決意した。

二〇〇九年三月、懸樋が東京連絡先となり、山梨県や長野県の有志が市民団体「リニア・市民ネット」（代表は川村晃生慶應義塾大学名誉教授）を立ち上げた。

すでにＪＲ東海は動いていた。

二〇〇八年には長野県大鹿村での水平ボーリングによる地質調査を始めていた。

国土交通省も動いていた。

省内に設置されていた超電導磁気浮上式鉄道実用技術評価委員会は、二〇〇九年七月、リニアについての「超電導磁気浮上式鉄道実用技術評価」を公表する。

それを読んだ懸樋は落胆した。リニアに関わる市民団体が知りたがっている情報は多々あるが、その一つが「時速五〇〇キロで走行中の車内にどれくらいの電磁波が発生するのか」ということだ。だが同評価には、たとえば国際機関である「国際非電離放射線防護委員会（ICNIRP）のガイドラインを規制値として使用し、車内の変動磁界はその三四％」と書かれてあるだけで、具体的数値が記述されていない。

ＪＲ東海も、この数値をいっさい出さない。

二〇一一年、ＪＲ東海は着工への手続きとして、「環境影響評価方法書」を計画沿線の自治体で縦覧し、五八回の住民説明会を開催した。ほとんどの説明会で住民からあがる質問の一つは電磁波に関するものである。

懸樋も、東京都と神奈川県で計五回の説明会に参加したが、怒号が渦巻く説明会もあった。

東京都稲城市では、数ヵ所の立坑が建設される可能性が明示されていた。この直径三〇メートルもある巨大施設の設置場所を、ＪＲ東海が「どこに穴を掘るか現時点ではわからない」と回答したことに、そんな馬鹿な話があるかと住民が怒ったのだ。

「その穴からいったいどれだけの電磁波が出てくるのか？」

この質問にもＪＲ東海は具体的数値を挙げなかった。

懸樋も質問した。

「走行中車内での電磁波は公表されていない。どれくらい強いのか」

「ホームページを見てください」

懸樋は他の会場でも、リニアの消費電力や電磁波のことを質問したが、一度も納得のいく回答は得られなかった。

懸樋だけの体験ではない。

岐阜県の市民団体「東濃リニアを考える会」事務長の原重雄は二〇一一年一〇月二〇日、中津川市での方法書説明会に参加し、「電磁波は車内で人体に悪影響を与えるのか？」と質問した。

JR東海は具体的数値を挙げずに、「影響はありません」と回答した。

山梨県富士川地区での方法書説明会では、「電磁波は危険だが、どう対処するのか」との質問が出た。回答は「危険のないように、車両の外にも中にも外壁にも電磁波の遮蔽カバーを取りつける」というもので、遮蔽の結果、電磁波の値がどれくらい下がるのかとの具体的説明はなかった。

各地での方法書説明会が終わったあと、各県とJR東海は共同で住民説明会を行なっている。私は二〇一二年六月、岐阜県中津川市での説明会に参加したが、JR東海が配布した資料には、時速五〇〇キロのリニアが通過すると、車両の横四メートルで一九〇〇ミリガウスの電磁波が発生するとの数字が出されていた。JR東海はICNIRPのガイドラインを下回る値だと説明した。

もっとも、車外にいる歩行者にすれば、リニアが通り過ぎるのはほんの数秒なので、確かにこれは健康への影響はほとんどないといえるだろう。だが問題は、車内の乗客がどれだけの電磁波を浴びるかだ。

参考になるのは、国鉄時代の一九七七年から宮崎県で行なっていた走行実験でのデータだ。それによると、電磁波を極力遮蔽しても、車両中央部の座席では六四〇ミリガウスという数値を記録している。

一九九九年九月二八日、私はＪＲ総研から以下の資料を入手している。

「山梨実験線での一九九七年六月の走行実験で、停車中の車内磁界を測定し、次のように設計目標（二十ガウス）以下であることを確認しました。

①客室内座席上付近　〇・六〜三・八ガウス（六百〜三千八百ミリガウス）

②貫通炉床面付近　　三・七〜十三・三ガウス（三千七百〜一万三千三百ミリガウス）」

走行中のデータは記載されていない。とはいえ走行中の数字がこれを下回らないと仮定すれば、客席での値は宮崎実験線のそれを大きく超えている。

宮崎実験線での数値について、「きわめて危険な数字です」と懸樋は断言する。根拠がある。

「生活環境中電磁界による小児の健康リスク評価に関する研究」と題する調査報告書がある。これは一九九九年度から三年間、電磁波を疫学研究した国立環境研究所の兜《かぶと》真徳研究員（故人）が中心となってまとめ、「四ミリガウス以上の電磁波に被曝すると小児白血病の発病率が二・七三倍、小児脳腫瘍は一〇・六倍になる」との研究結果を出したものだ。

この研究は、〇〜一五歳までの小児白血病患者三一〇人と、年齢・性別・地域が同じ健康な児童六〇〇人を対象に疫学調査し、イギリスとアメリカに次ぐ世界三番目の大規模な疫学調査として知られ、ＷＨＯ（世界保健機関）でも高い評価を得た。

兜研究員はどういう人だったのか？　かつての同僚に電話で聞いてみた。

「兜さんは、この問題を国にも国民にも正確に知ってもらおうと懸命に調査していました。電磁波問題は、国や企業が積極的に情報公開しないし、住民も電磁波のすべてが悪いと感情的になりがちです。そうではなく、どこからが危険なのかという正しい情報を周知しようとしたのが兜さんです。あの熱意は忘れられない」

四ミリガウスで危ない。これは前述のカロリンスカ研究所の調査結果とほぼ同じだ。

ところが、この研究費用約七億円を拠出した文部科学省は兜報告を評価しなかった。

文科省は二〇〇二年一一月の最終評価で、目標達成度、目標設定、研究成果、研究体制など一一項目すべてで最低のC評価を下した。

この「オールC」評価について、民主党の参議院議員・大河原雅子は二〇〇八年一〇月三〇日に文科省に質問主意書を提出した。質問の一つが「文科省の科学技術振興調整費による研究評価は、二〇〇一～〇五年度で計四百七十八件。オールC評価は兜報告だけなのか」というもので、答弁書は「本件研究だけである」との回答だった。

元同僚は「ありえない」と振り返る。

つまり兜報告は国によって葬られたのだ。

ではいま、どんな数値が国の基準となっているのか。

二〇一一年三月。一一日に東日本大震災が起こり、原発事故で放射能被害が広がったその月末、原発事故の対応で悪名をとどろかせた「経済産業省・原子力安全・保安院」が、電気設備からの規制値を二〇〇〇ミリガウスにすると改正した。なぜ保安院なのかというと、放射線は電磁波の一種であるからだ。

ところが、リニアはこの保安院の基準には従わない。というのは、この基準は電力設備のように五〇ヘルツの変動磁界を出す場合が対象であり、リニアは、JR東海の説明では、変動する磁界が一二ヘルツしかないので、従うべきは、二〇一二年八月一日に告示された「特殊鉄道に関する技術上の基準を定める告示（国土交通省告示第八五五号）および同解釈基準だとしている。確かに、ここでは、リニア特有の超電導磁石、浮上コイル、推進コイル、給電レールおよび非接触集電地上設備ならびに特定変電所等の磁界は、ICNIRPのガイドラインを満たすよう規制している。その基準値は四〇〇〇〇ガウス（四〇〇〇万ミリガウス）と保安院の基準値の二〇〇〇〇倍だ。

「リニア営業線の車内で、宮崎実験線と同じくらいに強い電磁波があると仮定します。その場合、四ミリガウスの部屋に二四時間いるのと、六四〇ミリガウスをリニアで一時間浴びるのはどちらが危険か？　私たちはもっと議論をしなければならない。だが政府も自治体もメディアも、電磁波問題には触れようともしない。ここに穴を開けないと」

もっともJR東海は、準備書において、リニア車内での磁界の値をまったく出していないわけではない。ただし、それは準備書本編ではなく、資料編の中で小さい折れ線グラフで描かれているだけで、さらに走行中というよりも、対向列車とのすれ違い時での値を表したものだ。縦線の値から読み取ると、相対速度一〇〇キロで約五〇〇〇ミリガウス。相対速度一〇〇〇キロで約一〇〇〇ミリガウス。

住民がもっとも知りたいと思う走行中のデータがやっと出たのは、二〇一三年一二月一一日。その六日前の一二月五日、JR東海は、山梨実験線において走行中のリニア車内での電磁波の公開測定を行ない、その結果を公表したのだ。

車内貫通路においては九〇〇〇ミリガウス。車両の超電導磁石に近い場所の客席で四三〇〇ミリガウス。

これはICNIRPのガイドライン四〇〇〇ガウス(四〇〇万ミリガウス)を大幅に下回っており、磁界による影響はきわめて小さいとJR東海は明言する。

兜報告の四ミリガウスを大幅に上回る数字だが、私はここでJR東海の出した数字が正しいか正しくないかを論ずるつもりはない。残念なのは、その数値は一二月ではなく九月の準備書にこそ記載すべきであり、説明会で住民を前に説明すべきだったということだ。

ただし以下の推測はある。

国の心臓ペースメーカーの承認基準一〇ガウス(一万ミリガウス)をクリアするために、磁気遮蔽シールドを強化した新型車両L0系がデビューしたのが同年八月二九日。その測定データを九月の準備書に書き入れるまでの時間がなかったとの見方である。

それであるならば、準備書の縦覧は一二月以降であるべきだった。

電磁波有害説・無害説は諸説あり、世界的には決着がついたわけではない。だが危険だという可能性があることだけは先進国共通の認識になりつつある。

二〇一三年一月、EU（欧州連合）の独立機関であるEEA（欧州環境庁）が「早期警告からの遅すぎる教訓（Late lessons from early warnings）」という報告書を出した。これは早期に危険性が指摘されていたのに対策が遅れたために被害が拡大してしまった、健康被害や環境汚染についての二〇以上の事例をまとめたものだ。

ここに収められている事例に「水俣病」「フクシマ」と並んで「電磁波による脳腫瘍」がある。こう書かれている。

「二〇一一年、WHOの国際がん研究センター（IARC）は、携帯電話や、電磁場を発生させるその他の機器からの電磁波を『発がん性の可能性がある』と分類した。九年前にも、IARCは、頭上の送電線からの磁場を同じ分類にしている。（中略）被害を防ぐには、因果関係の立証を待つのではなく『予防原則』に則った対策が必要だ」

つまりEEAは、EU各国に電磁波について予防原則を適用するように訴えたのだ。

懸樋は補足する。

「ヨーロッパでは、予防原則までいかないにしても、住民に配慮して行政的に実行するかが重要とされています。しかし日本では、予防原則もなければ、行政による住民への配慮もない」

たとえば、電磁波に関してEU理事会が一九九九年に出した勧告がある。

「携帯電話基地局などの電磁波発生源は学校や保健施設から一定の距離をおいて設置すること」
「高圧線などの設置は、産業関係者、行政、住民とで協議すること」
「十代の若者の脳へのリスクを考え、携帯電話はハンズフリーキットを使用したり、使用しないときは電源を切るなどの啓発キャンペーンにEU資金の一部をあてがうこと」
などだ。

この勧告に強制力はない。だがEU加盟国はこれを採用した。EUと日本ではあまりに開きがある。日本では、水俣病やフクシマに代表されるように、甚大な被害が起こってからでないと行政もマスコミも動かない。国民も関心を向けない。

「電磁波問題は、電力問題と直結しているとはいえ、国も自治体もマスコミも口を閉ざすという、およそ民主主義とはほど遠い現実の鑑です。これを改めたい。このままリニア計画を推進させるわけにはいきません」(懸樋)

▼水枯れ

原発再稼働の可能性。電磁波が人体に与える影響。ウラン残土の発生。

リニア計画が進行中のいま、これらの問題は可能性を指摘するしかないのだが、すでに発生している問題がある。水枯れと残土処理だ。

リニア実験線は、その八割以上の区間がトンネルを掘削して造成された。その影響で初めに報告された水枯れは一九九九年九月。大月市内朝日小沢地区の簡易水道の水源が枯れた。当時、水道組合のK氏は地元テレビ局の取材に、「トンネルができたのが六月です。その三ヵ月後に、魚もいなくなるまでに枯れるとは予想もしていませんでした」と残念そうに語った。

ＪＲ東海は水道組合には事前に「枯れる可能性がある」とは伝えていた。そして枯れたあと、その補償として、井戸水を汲み上げる電気代を支払い続けている。だが問題がある。

「その補償期間は三〇年間だけ。国土交通省の通知である『公共事業に係る工事の施工に起因する水枯渇等により生ずる損害等に係る事務処理要領の制定について』に基づいています。つまり、三一年目からは、自分たちでなんとかしなければならない」

これは期限をつけるべき処置なのだろうか。

二〇〇七年末、ＪＲ東海がリニア工事を「自費建設

笛吹市で建設途中のリニアのトンネル。この工事が川を枯らした（2012年5月）。

する」と発表すると、実験線の延伸工事が始まった。すると、また水枯れが起きた。二〇〇九年に笛吹市御坂町竹居地区の水源である一級河川天川が枯れた。これは農業用水でもあったので、桃農家から困惑の声が上がった。

同時に、天川のすぐ近くのトンネル掘削現場からは、常時、出水が続いた。二〇一二年春にその現場を訪れると、掘削現場からの出水が外の道路の緩い斜面を下り排水溝に流れ込んでいた。

JR東海は、この出水をポンプで汲み上げて天川に放水するという手段をとっている。

天川が枯れたあと、竹居地区の近くの戸倉区（約二〇世帯）の簡易水道の水源と、近くを流れる達沢川も枯渇した。地元住民は「トンネル工事しか考えられない」と推測し、区長の坂本龍也（当時五七歳）は「住民には、残り三ヵ所の水源も枯れてしまうのではないかとの不安が広がっている」と恐れを語った。

リニアのトンネル工事で水脈が絶たれ、天川は枯れた。トンネルからの出水を川にポンプで戻している。

笛吹市役所に尋ねてみた。

――天川の枯渇はリニア工事の影響ですか？

「リニア工事をしているのは、ＪＲ東海ではなく、独立行政法人の鉄道建設・運輸施設整備支援機構です。支援機構は工事と枯渇の因果関係を認めています。そこでトンネルからの出水を天川に放流したということです」

――では天川についてはもう問題はないと？

「いえ、水が流れているのは、あくまでも放流しているところから下流だけです。上流部分は枯れたままです」

――天川以外でも水枯れは起こったのでしょうか？

「起こっています。リニア工事との因果関係を支援機構が認めないものもありますが、支援機構は、因果関係のある事案については、代替の水を補給するなどの処置を講じています。お話にあった戸倉区でも代わりの井戸を掘ったと聞いています」

――報道されていない水枯れの事例はまだあるのでしょうか？

「リニア工事が始まってから、個人宅で使っている井戸水が枯れたとの電話は数十件いただきました。ただし、因果関係はわかりません」

――それら個人宅にもＪＲ東海は代替水の補給などをしているのですか？

「ＪＲ東海や支援機構は、公的な水源、たとえば天川や集落の簡易水道については対策を講じていますが、個人宅の水についてはまだ話し合っていないようです」

誰か一人でもいいので、その個人宅を紹介してもらえないかと依頼したが、個人情報との理由で取材は実現しなかった。

二〇一一年夏には、プロローグでも紹介したように、上野原市秋山の「棚の入沢」やいくつもの沢が枯れた。

さらに、いやな噂も耳にした。それはＪＲ東海は棚の入沢に井戸を掘ったり、貯水タンクに給水車で代替水を補給しているのだが、地域住民の有馬によると、棚の入沢を水源とする集落がＪＲ東海からの補償金を手にしてから水の枯渇についての声を上げなくなったというのだ。

その補償金の支払い額や支払い方法も、地域住民を集めての合同説明会を催したのではなく、集落の一部関係者と話を詰め、水枯れへの補償に関する国の基準に従ってではあるが、三〇年分の補償金を一括で払ったという。これで誰もが声をあげられなくなった。

「僕の家は違う水源なので対象外でしたが、地区ではいま、水枯れについての嘆きの声も聞こえてきません」（有馬）

個別補償で地域をおとなしくさせるのは、これまで日本の大型公共事業において使われてきた常套手段であるといってもいい。

これらの情報から、かろうじて地元紙で報道されたのは氷山の一角であり、相当数の川や沢、井戸が枯れているだろうと推測できる。

笛吹市役所に尋ねたあとの二〇一三年九月上旬、私は、独立行政法人の鉄道建設・運輸施設整備支援機構の現場事務所に電話を入れた。というのは、ＪＲグループの鉄道建設を実際に担っているのは同機構であるからだ。

同機構は、私の「水枯れはリニア工事が水脈を断ち切ったために起きたのですか？」との質問に、率直に「そうです。水脈の存在を予測できませんでした」と認めた。

「では、補償金は地域に払うのですか。個人に払っているとの情報がありますが？」

これを尋ねると「そういう質問は現場ではなく、東京支社にお願いします」とのことだったので、東京支社に私はＦＡＸを入れた。数日後、その回答が来たが、「補償は、国が定める基準（上記、国交省の通知）などに基づき対応しています」というごく短いものであった。

水枯れは、リニア特有の問題ではない。山岳トンネル工事や地下鉄工事などで全国的に起こっている。ただ、リニアは、東京から大阪までの超長大な区間で連続的に水枯れを起こすという特異性がある。特に第一期工事となる東京・名古屋間の二八六キロのうち地下走行や山岳走行となるトンネル区間はその八六％の二四六キロにも及ぶ。

とくに破壊が懸念されているのが南アルプスだ。

二〇一三年五月一三日。山梨県甲府市で開催されたJR東海と山梨県の期成同盟会による説明会。後述するが、ここでもほとんどの具体的情報は出なかったが、参加者が驚いたのが、ＪＲ東海の環境アセスのうちの地下水調査だ。

あの広い山梨県で実施している調査対象は、わずかに一市二町の一二ヵ所の湧水と井戸だけなのだ。それだけで南アルプスの地下水脈を把握するのは明らかに不可能だ。

▼残土

水枯れとセットで起こるのが建設残土の発生だ。東京から大阪までの区間の八割以上がトンネル。そこから排出される膨大な残土。

ＪＲ東海は、住民説明会では、残土の出た地域において、

①ＪＲの事業として、このリニア建設で使う
④自治体の事業として処分する
⑤処分場を造る

と三つの方法を説明するが、具体的にどういう事業かの説明はない。

しかし問題は、やはり実験線の工事現場である笛吹市ですでに起こっている。

笛吹市でのリニアのトンネル工事現場の出入り口に、工事期間中の臨時雇いだという地元の男性警備員が二人いた。尋ねてみると、残土を満載するダンプカーは一日一〇〇台以上出ていくという。そしてダンプカーは、続々と笛吹市境川町（旧境川村）にある残土捨て場に向かう。

ここはもともと谷だったが、リニア工事が排出する一六〇万トンという膨大な残土で平坦な土地に変わった。

山梨県へのリニア実験線誘致が決まったのは一九八九年。その翌年、県土地開発公社はその埋め立て地での「境川分譲宅地造成事業」をスタートさせた。三九億円を投じ、一九九八年までに一四四人の地権者から二一・九ヘクタールを購入。残土で造成したあとは、三六五区画を分譲する……という計画だった。

だが当初から、村幹部の間では「宅地造成は難しいのでは」との意見が大半を占めていた。実際、旧境川村では一〇〇〇人の人口増を見込んで幼稚園の新設や下水道整備を構想していたが、頓挫していた。

JR東海はこの事態をどう見ていたのか。一九九九年、山梨県の三神雅彦課長（前出）はこう語っていた。

「JR東海は、この問題に対して『こちら側が残土捨て場を選定したわけでも依頼したものではない』と回答しています。私たちにすれば、トンネルを掘れば残土が出て困るでしょう、地元の協力の一環として、ここに捨ててもいいですよと準備をしたつもりなのですが……」

実験線の残土は笛吹市の谷間を埋めた。だが、跡地利用は何も決まっていない。

聞けば、残土処分についてもＪＲ東海との契約行為ではないという。「国家プロジェクト」といい「残土捨て場」といい、山梨県の思惑は空回りしていた。

その後「境川分譲宅地造成事業」はどうなったのか？　二〇一二年夏に県土地開発公社に尋ねてみると、土地は公社の手を離れていた。

「三九億円は民間金融機関からの借金でした。でもバブルの崩壊や、一時はリニア実験線の延伸すら実現しなかったことで住宅計画は頓挫しました。年七〇〇〇万円もの利払いは厳しいので、土地は県に売却しました」（公社職員）

私は県リニア交通局リニア推進課に電話を入れた。

――あの土地をどう活用されるのですか？

「決まっていません」

――といいますと？

「住宅造成の計画も白紙に戻りました。採算がとれそうもありませんので。あの土地をこれからどうするかの話し合いも始まっていません。加えて言えば、その話し合いの形態も決まっていません」

――話し合いにはＪＲ東海も参加するのですか？

「わかりません。県が単体でやるのか。それともＪＲ東海も関わるかもこれからの議題です」

笛吹市だけではない。同じ実験線のある大月市初狩町の残土捨て場でも、やはり宅地計画は白紙になった。代わりにごみ焼却施設が建設されている。

リニア推進課は、「これ以外の場所では、残土は民有地に埋め立てられていて、埋め立て終了後は森に戻るので問題ありません」と説明する。だがそれは捨てられた残土に行政が責任を持たなくてもいいことを意味する。

ところで、残土を埋め立てるだけの土地がない自治体では、残土はどう処理されるのか。

二〇一二年八月二一日。神奈川県相模原市で、JR東海とリニア中央新幹線建設促進神奈川県期成同盟会による住民説明会が開催され、ある住民が質問をした。

「川崎の排出土はどう処理するのか?」

「発生土はいろいろな用途に使いたいが、どこから運び出すという計画はまだできていない。準備書で明らかにしたい。第一に農地や道路の盛り土、次にシールドと岩盤の隙間を埋めるため。それ以外のいろいろな方法で使いたい。実験線の場合、発生土は宅地造成や農地改良にも使われている。処理については自治体と相談していきたい」

川崎市で出る残土は四〇〇万立方メートルと予測されている。東京ドーム四杯だ。これが自治体内処理できるのか? 具体的に残土をどこに持っていくのか。

川崎市だけではない。長野県松川町が二〇一三年七月一七日に、残土約一〇万トンを町道整備に活用する考えを示した以外、残土の具体的利用方法を示した自治体はない。残土はその地域での処分が原則の場合、いったいどう処理されるのだろうか。

これは別章で詳細を書くが、結果的にJR東海は、準備書においても、静岡県以外のほとんどの地域で残土の処分方法を明示しなかった。

二〇一三年一〇月八日、神奈川県相模原市において開催された準備書の説明会において以下の質問が出た。

「準備書によると、神奈川県では一一四〇万立方メートルという東京ドーム一一個分もの建設残土が発生します。これをリニア事業で再利用するにしても、他の公共事業で有効利用するにしても、残土のストックヤードが必要です。その場所はどこなのですか？」

JR東海はこう回答するにとどまった。

「具体的な場所は決まっていませんが、神奈川県を窓口にして調整します」

もっとも頭を悩ませている自治体の一つは長野県大鹿村ではないか。

村は二〇〇七年に七つの村で始まった「日本で最も美しい村連合」（現在、約五〇村）に加盟している。確かに美しい。紅葉の時期は多くの観光客でにぎわい、旅館の予約を取るのもひと苦労だ。

二〇一二年七月、私が初めて村を訪れたとき、案内をしてくれたのが村会議員の河本明代だった。河本も村の美しさに惹かれて定住を決めた一人で、リニアには反対の立場をとっている。だが、計画賛成派にもリニアには共通の懸念があるという。

「それは平地が少ないこの村のどこに残土を積むんだろうという不安です。そんなことをしたら、村の景観を損なうだけで、美しい村でなくなる。観光客も来なくなるぞと不安を覚えています」

こう話しながら運転する河本の車は軽自動車だが、それでも対向車に道を譲るため、途中何度も停まるほど村の山道は狭い。

「狭いでしょう。ここを一日何百台も、それも一〇年間、ダンプがひっきりなしに通るとしたら、景観としては望ましくないし、生活に支障が出ると思うのが多くの人の共通認識だと思うんです」

ＪＲ東海によると、リニアのトンネルの断面積は約一〇〇平方メートル。大鹿村の釜沢を出入り口とするトンネルの長さは約二三キロ。これだけで二三〇万立方メートルの残土が発生する。さらにトンネルには五キロおきに立坑（もしくは横坑や斜坑）を建設する必要があるため、実際の残土排出量はこの一・二倍以上の約二七〇万立方メートルか、それ以上とみられていた。これは東京ドーム三杯弱の体積であり、大鹿村でその量を埋め立てる場所は、絶対ない。

村もわかっている。

二〇一三年二月一九日と二〇日。村の二ヵ所で「リニア中央新幹線事業に対する住民意見交換会」が開催された。この開催には村の良心を感じる。

というのは、村はＪＲ東海が環境影響評価準備書を縦覧する前に、工事計画や残土運搬対策、残土処理場対策などを関係自治会に説明するようＪＲ東海に要望したのだが、ＪＲ東海は「準備書公表前に個別説明会は行なわない」と回答したため、村が意見交換会を行ない、その意見をＪＲ東海に伝えるという方法をとったのだ。

二日間の意見交換会のことは、河本のブログ「美しい村の議員日記」に詳しいので、概要を引用させてもらう。

（前略）行政がこういう場を設けるというのは、他の沿線市町村では例がないのでは？　村民の関心も高く、雪と凍結で道路事情が相当悪かったが、どちらの会場もいっぱいになる盛況で、人口千百四十八人の村で一割に当たる約百十人が集まった。

今回の話の中心は工事用道路や残土運搬対策に関するもの。

大鹿村では青木と釜沢の少なくとも二ヶ所に斜坑が設置され、二百～三百万トンの大量の残土が搬出されることが予想される。（中略）国道百五十二号線も県道赤石岳公園線も狭く、現状では工事用車両の通行は困難。さらに、村内で大量の残土処理をする場所はなく、ほとんどを村外に持ち出さなければ処理できない。そのため、トンネル掘削が始まると、約十年間にわたって片道数百台の残土運搬車両が村内及び小渋線を通行することが見込まれる。小渋線の未改良区間ではすれ違いによる待合の連続や交通渋滞、通行の危険増大により、村民をはじめ観光客など通行するすべての人に支障を来し、住民生活や観光産業など地域全体が重大な影響を受ける。

こうしたことから、国道百五十二号線、県道赤石岳公園線、小渋線の、工事着工前の道路改良や、小渋川沿いの県道については残土運搬車両が通行しないような方策を検討するようＪＲに要望しているといった説明があった。

その後、村民からの意見や質問が次々に出された。まず工事後の水の問題、また「美しい村を掲げているのに環境が破壊されるのは大変悲しい。村で生活したくなくなるような状態に陥っては残念だ」という意見が寄せられ、村長も「村の中が工事現場になるのは大変悲しい。美しい村を守るために言うべきことはきちんと言っていきたい」と応じた。

（中略）「大鹿村の場合は駅ができるわけでもないし、南アルプスをぶち抜いて、しかも残土処理で何百台と車が通る、村には何のメリットもない。あるなら教えてほしい。日本で最も美しい村に逆行するのではないか」という質問に対しては、村長は「日本で最も美しい村という自然環境を売り物にしている村にとっては、降ってわいた迷惑」とした上で、「しかし、国からの指示で動いているので、否定ばかりもしていられない。村にとっては小渋線がネックになっていたので、そこを大規模改良してもらえるならメリットに結び付けられる」と続けた。それに対して、別の村民から「小渋線の二十〜三十分は田舎で景観を守っていく中で絶妙な距離感。道路がよくなることが必ずしもメリットにならない」との意見も出た。あるいは「国が決めたからといっても、国は国会などでしっかり議論して決めたわけではない。村長がリニアが来てもらっては迷惑だと考えているなら、それをもっと強くＪＲ東海に言ってほしい」という声もあった。（後略）

ここで注目すべきは、村長が住民の前でリニア計画を「迷惑」と表現したことだ。住民にも観光客にも支障をきたすとも。ただし国やＪＲ東海に対してはやはりＮＯを言えない立場にある。

なぜなら大鹿村は、小さな一自治体だけではできない、介護、ごみ処理、消防業務などの行政業務を他の自治体と共同で行なう南信州広域連合（一市三町一〇村）に加盟しているが、その広域連合がリニア推進の立場をとっているからだ。広域連合は、ほぼそのまま「リニア中央新幹線建設推進飯伊連絡調整会議」の構成メンバーでもある。

ともあれ、村は意見交換会での村民の意見をJR東海に伝えた。そして六月。JR東海から回答が来た。残土問題に対する村民の意見への回答は以下のようなものだった。

道幅の狭い箇所等は改良を加えて使用することを基本として考えています。工事で使用する道路については、工事計画の具体化に合わせて、県・関係市町村、関係機関と調整を図りながら協議を進め、具体化した工事用道路については環境影響評価準備書においてお示しします。

JR東海の回答は予想どおりとはいえ、準備書まで具体的情報は出さないということだった。

そして二〇一三年九月、その準備書で明らかになったのは、大鹿村で排出される建設残土は約三〇〇万立方メートル。村内に残土を積む場所はないために、すべて村外に搬出されるのだが、そのためには一日に最大で一七三六台ものダンプカーが村を走るという予測だった。仮に八時から一七時までが搬出時間帯だとすると、村の狭い道を、小学校も保育園も脇にある道を一分に三台ものダンプカーが走ることになる。騒音レベルも環境基準七〇デシベルぎりぎりの六九デシベル。

静かな村が変わる、子どもの通学が脅かされる、洗濯物も干せない、朝から晩まで騒音が絶えない。これが一〇年以上も続く。

それでも、準備書では「環境への影響は小さいと予測する」と評価されている。

もはや、村も村民も穏やかではいられない。これについては後述する。

▼ウラン鉱床

リニア計画ではさまざまな問題が予想されているが、岐阜県には特有の問題がある。それは、「脱原発」や「震災がれき受け入れ反対」に携わっている全国の人にこそ知ってもらいたい問題だ。

残土問題だけでもこれだけ悩ましいが、それが放射能汚染されているとなれば話はよりやっかいになる。

二〇一二年六月二二日、私は岐阜県中津川市で、ＪＲ東海とリニア中央新幹線建設促進岐阜県期成同盟会との共同主催によるリニア説明会に参加した。説明会会場の三〇〇席は住民で埋まり、質疑応答も、ほとんどすべてが反対意見や疑問だった。

「リニアが一万人もの住宅地を通るのに振動はないのか」

「土壌汚染が心配だ」

「電磁波の値は？」

ただ、説明会で、質問に出なかった問題がある。

ウラン残土の山には何十年経っても人の出入りは許されない。

リニアが通る予定の岐阜県東濃《とうのう》地区は、日本のウラン埋蔵量の六割もが集中しているウラン鉱床地域だ。リニアは最小曲半径八キロとほぼ真っすぐにしか走れないため、もし、地下トンネルでウラン鉱床にぶつかると避けようがなく、その建設残土は地表に積まれる。問題は、ウラン鉱床はラドンガスという肺がんを引き起こす気体の放射性物質を絶えず放出していることだ。

一九六〇年代にウラン採掘をした岡山県と鳥取県にまたがる人形峠では、環境基準の二万倍近いラドンを発生するウラン残土の放置が、最高裁まで争われた環境問題と社会問題に発展した。

「リニア通過地には、希少植物種のシデコブシやハナノキの群落があります。その影響も心配されるところですが、リニアが通過する東濃地区にはウラン鉱床があるんです。そんなところに地下トンネルを掘ったら、膨大なウラン残土が排出される、つまり放射能汚染の土が出てくるかもしれません」

こう心配するのは「中津川の環境を守る会」の野田契子代表だ。

会は、放射能汚染の震災がれき問題を機に二〇一一年八月に結成されたが、「まさか地元で同じ問題に出くわすとは思わなかった」と野田は語る。

野田のような一般市民だけではない。二〇一二年二月、リニア推進の立場ではあるが、岐阜県の古田肇知事は、リニア計画に関してJR東海に意見書を送った。自然環境や騒音など三三項目についての厳しい対処を求めているが、その冒頭で訴えたことこそ「ウラン鉱床の回避」だった。

岐阜県都市建築部公共交通課に問い合わせると、さすがにウランは敬遠しているように感じた。

「なんといってもウランは核物質ですから、トンネル工事でもしウラン残土が外気に触れると、我々にすれば、放射能汚染の拡散の恐れがあるわけです。その処理の検討は当然してほしいです」

放射能問題が起こることはどの自治体も望まない。

そもそも、ウラン鉱床にぶつかると何が起きるのか?

一九九五年以降、私はその関連取材を何度かしたことがある。ウラン採掘に携わったために、自身や仲間が疾病に冒され、放置されたウラン残土に苦しめられてきた村人たちへの取材だ。

その一人、元坑夫の田山聡(仮名。七〇代)は、一九八八年八月一五日の山陽新聞の一面見出しに衝撃を受けた。

「放射性物質含む土砂放置」「民家近く二十年間」「放射線量、周辺の三十倍」

高度経済成長を迎えようという一九五五年。日本で初めてのウラン鉱床が、鳥取県と岡山県にまたがる人形峠で発見された。以後、人形峠鉱山および鳥取県側の東郷鉱山で合計一二ヵ所のウラン鉱床で採掘が始まった。事業主は「原子燃料公社」（のちの「動力炉・核燃料開発事業団」＝動燃）で、現在の独立行政法人「日本原子力研究開発機構」。

田山が住む鳥取県東郷町方面《かたも》地区（当時）でも、約二五戸、一五〇人の集落から一戸平均二人がウラン鉱山で働いた。田山もその一人。

当時は、炭坑もそうだったが、従業員に防塵マスクやゴーグルの支給はなかった。

「トンネル内でダイナマイトを爆発させますね。そうすると坑道はモウモウたる土ぼこりが充満したものです。私ら、さぞやすさまじい量の放射性物質を体内に吸い込んだと思うんです」

たまに現場に訪れる原子燃料公社の職員は防塵マスクを着用していた。彼らはこう言ったのだ――

「ウランは天然放射性物質だから大丈夫。心配しないでください」

地元も浮かれていた。ウラン音頭が歌われ、温泉街ではウラン饅頭が売られていた。もっともウランの品質が低かったため、鉱山は一九六六年に閉山した。

だが元坑夫たちの体に異変が起こった。止まらない鼻血。手ですくと抵抗もなく抜ける頭髪。疲労感。胃潰瘍……。

このことを記録した元坑夫の榎本益美の著書『人形峠ウラン公害ドキュメント』（北斗出版）には、方面地区だけで一八人の鉱山関係者や住民ががんで亡くなっていることが記されている。

問題は、その一八人には坑夫や鉱山従事者だけではなく、ウラン鉱山から流れ出る方面川を生活用水にしていた人が六人もいることだ。大雨や台風のたびに、残土や、残土で汚れた濁流が川に流入したのだろう。

その後二〇年も放置されていた残土のことをあばいたのが山陽新聞の記事だった。その量、実に四九万立方メートル。

この問題に携わった京都大学原子炉実験所の小出裕章助教はこう語る。

「ラドンの濃度は通常の空気には、一立方メートルあたり一〇ベクレル程度。法令では、鉱山の坑道などでは三〇〇〇ベクレル以下、一般居住区域に流す場合には二〇〇〇ベクレル以下にするよう定めていますが、人形峠の坑口でのラドン濃度は一〇万ベクレルに達したことがあります。気体のラドンは風に乗って方面にまで流れたのです。ウランの半減期は四五億年。ひとたびウランを掘り出すと、その残土は半永久にラドンを放出し続けるのです」

小出助教は、採掘に携わった一〇〇〇人強の坑内労働者の少なからぬ人が体調を崩し、このうち六五人が肺がんで死亡したと推計している。さらに野積みされたウラン残土から、風下にある方面地区にラドンガスが流れたことも、方面地区でのがん死と無関係ではないと考えている。

詳しい経緯は省くが、住民は、残土のうち、とくに放射線量の高い三〇〇〇立方メートルの撤去を求めて動燃を提訴し勝訴する。だが岡山県知事の「鳥取県で危ないと言われるものを引き取るわけにはいかない」との発言もあり（動燃事務所は人形峠の岡山県側にある）、残土は放置されたままだった。

それがやっと解決したのは、実に二〇〇九年。日本原子力研究開発機構・人形峠事業所がウラン残土を一一〇万個のレンガに加工して、全国の開発機構の施設にそれを振り分けたのだ。ちなみにこのレンガは二〇〇九年末の私の取材時で毎時〇・二八マイクロシーベルトという高い放射線を出していて、インターネットでも一個九〇〇円で販売されていた。

なぜこんな裏技が可能なのか? 答えは簡単だ。ウラン残土そのものが、「年一ミリシーベルト(毎時換算で約〇・一マイクロシーベルト)を超える放射性物質の厳重管理」を定めた「原子炉等規制法」の対象外だからだ。

しかも、レンガ処理されたのは、裁判で争われた、とくに放射線量の高い三〇〇〇立方メートルだけであり、採掘から半世紀以上経った現在でも、人形峠周辺の約二〇ヵ所では、覆土はされているが、延べ四九万立方メートルものウラン残土が野積みされたままである。その一つ、中津河《なかつごう》堆積場は、二〇〇九年末時点でも、放射線量は最大で毎時〇・三マイクロシーベルトを記録した。年間だと約三ミリシーベルトだ。

ひとたびウラン残土が地表に出れば適正な処理は難しく、ただ覆土をして放射線量が下がるまで何十年も何百年も待つしかない。それを受け入れる自治体が今の日本にあるはずがない。

リニアのトンネル工事で、岐阜県では約三〇〇万立方メートルの残土発生が推測されている。人形峠周辺で野積みされているウラン残土の約六倍だ。もっとも、全ルートにウラン鉱床があるわけではなく、JR東海もウラン鉱床の回避に努めるだろうから、ウラン残土の排出は少ないかもしれない。

問題は、ウラン鉱床にぶつかり、ウラン残土が出てきた場合にどう処理するかだ。

私は住民説明会で「後日の質問はこちらで」と案内されたJR東海の環境保全事務所に電話をした。担当者はこう回答した。

「もしウラン残土が出た場合、その処分は具体的には決まっていません。ただ、現在の、放射能汚染された震災がれきのような処分も参考にしたいと考えています」

本決まりではないにせよ、JR東海はウラン残土を県外に搬出する可能性を示唆した。

またJR東海は、住民説明会で「ウラン鉱床は極力回避する」と説明したが、回避できるほど、地中の地層は判明しているのか？

東濃地区の瑞浪《みずなみ》市には、将来の高レベル放射性廃棄物の地層処分の可能性を研究するための、開発機構の研究所「東濃地科学センター」がある。その地域交流課の担当者はこう教えてくれた。

「ウラン残土ともなれば普通の残土とは違って、受け取っていただける場所もなくなるわけです。私どもは、研究のため、東濃地区で数十本のボーリング調査を行なっていて、地中の地層を調べる技術は持っています。地上から直径一〇センチのボーリング穴を掘って、その地層のコアを取る。それである程度のことはわかるんです。でも、実際は、掘ってみないとどんな地層が出てくるかわからないのが現状です。ウラン鉱床にぶつかった場合は、当然ラドンガスは出てきます」

そして後日、東濃のリニアルートの地下に何かがある可能性を市民団体が示すのだが、それは第七章に譲る。

▼切り捨てられるローカル線

リニア推進派は、リニアが走ることで、経済活性化が起こると主張する。いや、信じている。だが、推進派はいったいどれくらいいるのか。たとえば私が二〇一二年六月に参加した岐阜県中津川市での住民説明会でも、唯一、計画に賛同する意見を述べたのは商工会関係の男性だった。二〇一三年五月に参加した山梨県甲府市の説明会では、積極的な賛成意見は聞かれなかった。他地区でも、賛同意見を述べるのは、たいがいが商工会や経済団体の関係者が一人いるかどうかだ。

中津川市でリニアの停車駅と目されている美乃坂本駅は、二〇一二年までトイレが汲み取りで、降りる観光客がほぼゼロという地域にある。「超高速」のリニアが停まるだけで地域は本当ににぎわうのだろうか？

橋山はこう語ったことがある。

「駅は、地域の人に役立つことを前提にしなければなりません。つまり需要を拾っていくのが鉄道であって、それができないのが飛行機です。リニアの考え方は飛行機に近い。町づくりに貢献してやろうという気持ちはないです」

いま、その需要を切り捨てる動きが起こっている。

二〇一二年一一月末、ＪＲ東海労の小林光昭書記長から「話を聞いてほしい」と電話が入った。指定された時間に事務所に行くと、数人の組合員が待っていた。彼らが訴えたかったのは、本社が進めるローカル駅の無人化のことだった。

「今年八月以降、会社が二〇以上の駅の『簡易委託化』と『無人化』を決定したんです。『無人化』では、自販機の普通切符以外は、特急券や定期券、企画切符、割引券も扱えないという不便を引き起こします。リニアで経済活性と言いながら、一方で、経費削減でローカル駅を次々と不便にしている」と語った。

簡易委託駅とは、乗車券の発売や出札業務が、鉄道会社から自治体や駅前商店や個人などに委託された駅をいう。売り上げの数パーセントがマージンとして受託先に入る。

具体的に書くと、たとえば長野県では、飯田線の一二の有人駅のうち、以下の九駅が二〇一三年四月一日からの無人化を通達された。

駒ヶ根駅（駒ヶ根市）、伊那松島駅（箕輪町）、伊那北駅（伊那市）、沢渡《さわんど》駅（同）、飯島駅（飯島町）、元善光寺駅（飯田市）、鼎《かなえ》駅（同）、市田駅（高森町）、伊那大島駅（松川町）。

一日の乗降客数が数十人前後の駅もあることから、やむをえない無人化もあるのだろう。

だが二〇一二年一一月上旬、中央アルプス登山の入り口で、快速列車が停まる駒ヶ根駅がある駒ヶ根市の担当職員は、ＪＲ東海からの無人化方針を受けてびっくりした。

駒ヶ根駅は一日平均乗車人員が、一九九九年の九七〇人から減っているとはいえ、二〇〇九年で五四四人いる。

「ＪＲさんからは、飯田線維持のためには合理化しかありませんとの説明でした。リニア中間駅は飯田線の飯田市周辺にできますね。加えて三遠南信自動車道もできることから、この二つの交通網を活かした町づくりのため、当市は第四次総合計画を策定しているところです。さらに当市は『中央リニアエクスプレス建設促進上伊那地区期成同盟会』の一員としてリニア推進を後押ししていただけに、まさか当駅が無人化の対象になるとは思ってもいませんでした」（市職員）

ちなみに中央線でも、特急が停まり、人気のある観光地・妻籠宿への入り口、南木曽《なぎそ》駅も無人化か簡易委託化が打ち出された。

JR東海は、当該自治体には「自治体が人件費を負担すれば簡易委託駅として有人駅を維持できる」と提案している。駒ヶ根市はこれに従うしかなかった。無人駅では、乗客への案内、乗車券、特急券、指定席券、定期券などの販売ができないからだ。とくに高校生は定期券を買うためにわざわざ有人駅にまで行かねばならないという不便を被る。

二〇一三年四月一日から市は、年五～六〇〇〇万円の予算を組んで、交代制で常時一人（元JR東海職員）を常駐させる簡易委託駅として駅の維持を始めた。ただし自動券売機はJRの方針で撤去。クレジットカードは使えない。

「仕方がないです」と市職員は漏らす。この現状に、小林書記長は「九兆円もの事業を行なおうとする企業が、ローカル駅を見放す」と強い批判の目を向ける。

「駅員は切符を売るだけが仕事じゃない。駅員が一人か二人だけの簡易委託駅になれば、たとえば乗車が不自由な車椅子利用者への対応やお年寄りへの案内が難しくなります。無人駅では何もできません」

上記九駅の無人化発表の直後、飯田線沿線の長野県伊那市に住む酒田清（仮名）からJR東海労にメールが寄せられた。

「無人化は、いつか来ることと感じていました。二年ほど前から御殿場線、身延《みのぶ》線、飯田線南部の駅も次々と無人化されてきました。おそらく、リニアに向けてJR東海が乾いた雑巾を絞るような合理化を進めていると思います。しかし、路線は存続しますが、ここまで合理化する必要があるのでしょうか。今年三月末の平岡駅（飯田線）の無人化では、簡易委託のコストが村の負担になり、簡易委託を断念した経緯があります。乗車券発行機のレンタル料がかなり高額になるとのことです」

ここに出てきた無人駅の平岡駅は特急停車駅だ。駅のある天龍村に電話をすると、「特急券は乗車時に車掌から買ってください」とのこと。

だが車内でも購入できない切符がある。指定席特急券や定期券がそうだ。そしてクレジット払いや払い戻しができない。

飯田線や中央本線は確かに利用客が減っている。だから合理化を進めるという会社側の論理もわかる。だが酒田の言うように「ここまで」やるのか。

今回の無人化はリニア計画と関係しているのだろうか？　簡単に断言すべきではないが、JR東海は二〇一二年一〇月一一日、「効率的な業務運営体制の構築について」とする経営協議会を開催し、その中でこう表明している（概略）。

「（リニア）中央新幹線計画は、当社の使命である。企業としての存立基盤を将来にわたり確保していくために必要な計画である。現業部門、非現業部門を問わず、現行の業務運営体制における効率化の余地について全社を挙げて検証を行い、更なる効率的かつ筋肉質な業務運営体制の構築を推進する」

この直後に、JR東海は当該自治体に簡易委託や無人化を通達している。この表明は無人化政策とは無縁ではないはずと小林は推測する。

飯田市や駒ヶ根市などは同年一二月三日、無人化問題に関して、JR東海に協議の場の設置を求めた。JR東海の回答は「自治体への相談には個別には応じる」と、協議設置には消極的な回答だった。

「JRは上から目線のように感じます」――酒田は、メールの最後でこうむすんだ。

▼不安な安全対策

「この説明会はJR東海のアリバイ作りか！」

二〇一三年七月二四日。神奈川県川崎市の麻生市民館での住民説明会で怒号が飛んだ。

予想はしていた。だがJR東海は相変わらず、住民からの質問にほとんど具体的回答を示さなかった。

今回の説明会で多かった質問の一つは非常時の対策だ。

ある住民はこう質問した。

「五キロおきに設置される立坑では、エレベーターには何人乗れるのか？　また地上まで何分かかるのか？　また、万一の事故で電磁波の被曝などはないのか？」

「エレベーターは仕様を検討中。万一のときは、トンネル下部の通路に誘導します。安全です」

こんな質問もあった。

「リニア走行中の災害時、一〇〇〇人もの乗客を誘導できるのか？　どういう体制を敷くのか？」

「乗務員が乗車します。高齢者などの弱者も東海道新幹線同様に誘導します。そして、周りの乗客に手伝ってもらいます」

私も同じ質問を二〇一二年六月一三日、岐阜県中津川市での説明会でしている。そして、まったく同じ回答だった。私が知りたかったのは、「立坑までは最長で二・五キロ歩く。長い距離を歩けない高齢者や児童、障害者はどう救出されるのか」ということだった。このときも、ＪＲ東海は「周りのお客様に協力していただきます」と回答したのだ。

回答自体はあながち間違ったものではない。人として弱者を助けるのは当然だ。しかしパニック状態のときにすべての人ができるわけではない。乗客の善意に頼る前に、ＪＲ東海は徹底した施策を講じるべきだ。

JR東海の説明会会場。多くの人が質問の手を挙げるが全員が発言する前でも閉会されることがしばしばだ。

また別の住民が、どういうシミュレーションを想定しているかの質問をした。

「非常時の内訳としては、どのような事態を考えているのか」

「トンネルの下部空間を使います」

いっこうに具体的回答がない。会場から声が飛んだ。「だから、どういう事態を想定しているの！」

「下部空間は安全です」

ＪＲ職員は、ただ下を向いて回答用のマニュアル原稿を読んでいる。

そして冒頭の声が上がった。

「この説明会はアリバイ作りですか？　具体的回答が何もない。昨年の方法書説明会から何も進歩がない。五キロおきに設置される非常口でもエレベーターの定員すら決まっていない。たった一、三人の乗務員で一〇〇〇人を誘導できるのか？　そもそもシミュレーションをやっているのか？　でなければ、この説明会は無意味です。私たちがJR東海に送った公開質問状にも回答がない。回答しない理由は何ですか？」

「ご意見の件、説明させてもらって、ご理解をもらいながら進めていきます。避難誘導については、下部空間に行けば安全でございます。周りのお客様の手も借りて行ないます。公開質問状の件は、環境保全事務所に来ていただければ回答いたします」

私の近くにいた住民が「オレはリニアには怖くて乗れないな……」と呟いていた。


たとえば、私は最悪のシミュレーションを描く。

真冬の南アルプス直下のトンネルでリニアが急停車。一〇〇〇人の乗客は非常口までの五キロを歩く。山岳地帯での立坑建設は不可能だから、横坑か斜坑が非常口になるが、その非常口にたどり着いても外の出口まで数百メートルか一キロはある。トンネル内は凍り、出口では豪雪が待っている。

厳寒の中、乗務員はどうやって非常口の出口まで一〇〇〇人を誘導するのか。高齢者や障害者をどう移送するのか。どうやって寒さから乗客を守るのか。

こう書くのは、こんな事故があったからだ。

二〇一一年五月二七日二一時五五分。北海道占冠《しむかっぷ》村のJR石勝《せきしょう》線第一ニニウトンネル（全長六八五メートル）内で、特急「スーパーおおぞら一四号」が走行中に火災を起こし緊急停車。このとき乗務員の誘導がなく、乗客ら約二四〇人が自主判断で線路に降りて歩いてトンネル外に脱出した。全員軽症だったが、煙を吸ったり火傷をした乗客四〇人が病院に搬送され、一時意識が混濁した人もいた。

六八五メートルという長さのトンネルでも、命からがらになるのだ。

鉄道ジャーナリストの梅原淳によると、「国交省には、長大トンネルに避難口を設けなくてはならないという基準が存在しない」。

となると、これは全国のJR各社の課題となるが、ほとんどが長大トンネルの連続でルートを結ぶリニアでは、最悪の場合を想定したまるでレベルの違う対策が講じられるべきだ。それで初めて万が一のときの被害は最小限に抑えられるはずである。

▼空疎な「町づくり」計画

二〇一三年五月一三日。山梨県甲府市で開催された、JR東海とリニア中央新幹線建設促進山梨県期成同盟会が共催する住民説明会。

この説明会には、準備書作成の進捗を示す中間報告の意味合いがある……はずだった。ところが、JR東海から示された新しい事実は、リニア中間駅には切符売り場も改札もないという、無機質極まる駅の将来像だった。翌日の新聞各紙もそれを取り上げた。だが、説明会当日、壁一面を埋めていた二〇社ほどのマスコミ各社は、いつものことではあるが、会場での質疑応答についてはほとんど報道しなかった。

JR東海は、環境アセスの説明でも、調査をしている動植物の名前や地名を羅列しただけ。会場からの「リニアの電磁波で心臓ペースメーカーの人は大丈夫か?」との質問には、「安心して乗っていただけます」と相変わらず具体性を欠き、「南アルプスは、年四ミリ隆起している。トンネルは対処できるのか?」との質問には、「南アルプスがほかと比べて、ことさら隆起は激しくない」との比較論で逃げた。

私の隣に座っていた若者が「はい!」と資料の紙を振り回しながら手を挙げた。ほかにも挙手はあったが、若者の勢いに司会者が思わず「はい、そこの紙を振っている方」と指名。若者は立ち上がってまくし立てた。

「こういう説明会を沿線すべての都県でやってほしい。できないのなら、計画を白紙に戻すべきです。また、リニア走行は原発を不可欠としていますが、福島の原発事故がこれだけ騒がれている以上、もう一度考えるべきです。原発だけではなく、騒音や地下水の問題でも住民は怒っています。ぜひ考えてほしい」

JR東海の回答は、「リニアと原発とは即結びつかない」というものだったが、私は、こういう説明会で二〇代の若者が意見を述べたことに関心を持ち、話を聞かせてもらうことにした。

若者は、市民団体「リニア新幹線を考える相模原連絡会」(浅賀きみ江代表)の伊藤貴徳、三〇歳。二〇一二年一月。伊藤は、地元相模原市の市民団体が主催したリニア学習会に参加し、その内容に衝撃を受ける。

「リニアが停まるだけで地域振興が起こるはずがないのに、まず、市がそれを本気で推進していることに驚きました」

各県に一つ建設されるリニア中間駅の設置自治体となる神奈川県相模原市、山梨県甲府市、長野県飯田市、岐阜県中津川市では、それぞれの「リニアによる町づくり」を策定中だ。

たとえば神奈川県では、JR横浜線、JR相模線、京王線の三線が乗り入れる相模原市の橋本駅近くがリニア中間駅となるが、リニア中央新幹線建設促進神奈川県期成同盟会は、
・県の観光客等の増加は年間約一一五万人
・県への経済効果は年間約一二〇億円
との莫大な消費効果がもたらされると見積もっている。

ところがその前提は「リニアが一時間に五本停まったとき」。つまり全リニアが停まるというありえない想定だ。それなのに、各県の期成同盟会が同じ前提でもって地域住民に「地域は栄える」との宣伝をしている。二〇一四年五月二七日。連絡会代表の浅賀が神奈川県土整備局都市部交通企画課を訪ね、この点を突いた。

「中間駅には一時間に一本止まるのが、JR東海の説明です。では、一時間に一本の停車ならば、経済効果はいくらになるのですか?」

まっとうな質問だ。だが、担当者は最後まで「五本止まるのが前提で算出しております」との回答に終始し、明言を避けた。

もし全リニアがすべての中間駅に停まると、中間駅に停まるたびにリニアは約六分の停車時間を要

するため、四駅合計で二四分、つまり名古屋までは四〇分ではなく六四分となる。ＪＲ東海側の現時点での計画では、各駅停車は一時間一本としている。

「皮算用ですよね。肝心なのは、駅舎建設はＪＲ東海がするけど、駅前開発や周辺道路網の整備などは地元が負担することです。県が依頼した三菱総研の試算では七三三億円かかります。僕が許せないのが、そのうち橋本駅に隣接する県立相原高校を二〇〇億円もかけて移転させることです。僕たちの税金でですよ」

駅舎に必要な建設スペースは、幅五〇メートルで長さは一キロ。この膨大な面積が露天掘りされる。そうなると、地元の人が愛着を持つ農業高校の相原《あいはら》高校は移転を余儀なくされる。生徒たちが校舎移転計画に動揺しているとの話は伊藤の胸を痛めた。

相原高校は一九二二（大正一一）年、地元の篤志家が農業後継者育成のために土地を提供したことから開設された。翌二三年の関東大震災では、高校で栽培した約四〇〇キロの野菜を被災者に届けるため、校長と生徒の自転車隊五四名が横浜に向かった。

二〇一一年三月の東日本大震災でも、帰宅困難者となった約八〇〇人を避難所として受け入れ、生徒たちが毛布を配った。

開校から約九〇年。一〇ヘクタールもある学内には菜の花畑が広がり、昭和初期から植林をしてきた林が育っている。牛やヤギなど家畜の飼育も盛んで、近隣の小学校や保育園などとの交流にもひと役買っている。

高校の最大の特色は、子ども連れの家族や高齢者の校内散策を自由に認めていることだ。

これを聞いて、私も相原高校の散策に出かけたが、本当に憩いの場だった。

近年は正門に鍵をかけて部外者を入れない学校施設が多いなか、相原高校は、メインの通路に限っては、誰でも自由に散歩ができる。

美しい並木道を地域の高齢者や赤ちゃん連れのお母さんが散策する。牛を連れて歩いている高校生が会えば「こんにちは」と挨拶する。

週に一〜二度は、構内や正門近くで生徒たちが、手作りの牛乳や野菜、畜産品などを売っている。

生徒と一緒に「相原牛乳」を売っていた教師が「この学校ね、動物相手だから、夏休みなんてないですよ。でも、みんな動物や農業が好きだからここに入学するんですす。この牛乳も、この子たちが一所懸命に牛の面倒を見ているからおいしいですよ」と説明すれば、男子生徒は

相原高校。敷地内の散歩では牛を世話する高校生に会う。こんにちは！と挨拶をしてくれた。

「こんなに地域の人に愛されている学校だなんて、入学してから知りました」と笑った。

リニア推進派は「リニア駅ができれば町興しができる」と主張するが、そもそもリニアが来なければできない町興しとは何なのか。

相原高校はかれこれ一世紀近くも町になくてはならない存在として根づいている。つまり町を興してきたそのものなのだ。それを壊しての新たな街おこしとは何なのか。

さらに駅舎だけではなく、幅が最大で二五〇メートル、長さ二・五キロ、広さは東京ドームの一〇倍の五〇ヘクタールという広大なリニア車両基地が、相模原市の西側に位置する神奈川県の水源地である津久井湖の近くに造成される。どれだけの森や谷を造成するか予想もできない。そして、相原高校でもそうだが、これら工事に伴い数十人の立ち退きも予想されている。

二〇一三年一月、連絡会は市長宛てに一七項目からなる公開質問状を提出した。はたして、中間駅設置が振興につながるのかとの疑問からである。回答は三月に来た。私はこれを読んで、市が具体的に何をしたいのかがまったくわからなかった。

一部を紹介する。

〈質問〉市財政は逼迫して教育予算や民生費が削られている。リニア中間駅の誘致で、その周辺設備の建設、維持管理など、長年にわたり市財政からの莫大な支出が予想されるが、市民の暮らし命を守ることを最優先とするべき市政の責任が果たせるのか。

〈回答〉本市の財政状況は厳しい状況が見込まれるが、福祉や医療、教育など市民生活に直接係わるサービスを着実に推進するとともに、暮らしの利便性の向上や地域経済活動の発展に向け、広域交通ネットワークの整備や公共交通の利便性を高める取り組みもあわせて進めることにより、「人や企業に選ばれる都市づくり」を進める必要があると考えている。このため、限られた財源の中で総合計画の着実な推進を図るため、財政バランスに考慮しながら施策の「選択と集中」を図りより効果的に施策を推進していく。

〈質問〉JR東海によるリニア中央新幹線計画に推進期成同盟会を作って支持、推進、駅誘致される相模原市の目的は何か。

〈回答〉駅設置のインパクトを最大限に活用し、周辺都市との連携の中で、人や企業に選ばれる魅力あるまちづくりを展開し、「首都圏南西部における広域交流拠点都市」として持続的に発展することにより、市民福祉の向上に寄与することを目的としている。

〈質問〉津久井地域に建設予定の車両基地について、地元の住民は肥沃な土地を奪われ、昔からの共同体が奪われることについてどう考えるか。

〈回答〉本市としては、周辺への環境影響を可能な限り低減するよう配慮し、地元の理解が得られるよう十分な情報提供や説明を行うことを、リニア中央新幹線建設促進神奈川県期成同盟会を通じてJR東海に要望しているところである。

おそらく読者もわからないはずだ。

連絡会は、具体的回答を得るために、三月二六日、市の広域交流拠点推進室、交通政策課、環境政策課、危機管理室などの担当者と懇談会を持った。

「結局、二時間話し合って、具体的回答ができる人はただの一人もいなかった。そもそも、地域振興をいうのなら、リニアが来なくたってとっくの昔にやっているはずです」(伊藤)

計画を止めるしかない。伊藤は本気でそう決めた。地元に住む自分こそが動かなくては——。

「リニア新幹線を考える相模原連絡会」には当然のように加入。事務局を担い、駅前での署名活動や集会に関するチラシ配布を積極的に行なっている。個人的にも、山梨県都留市でのJR東海の説明会に参加したり、長野県飯田市の「飯田リニアを考える会」にも話を聞きに行った。

さらに、伊藤は東北の被災地にまで足を運び、リニア問題を発信している。

「多くの人が原発再稼働を望んでいません。でも、リニア計画は再稼働につながるかもしれない。東北の人には心痛む話です」

四月には、茨城県東海村で開催された「脱原発をめざす首長会議」を傍聴し、その場でリニア反対の署名を集めた。つくば市の被曝関連のイベントでは、聴衆を前に「リニアと原発との関連性」について話した。会場から「知らなかった」との声が聞かれた。福島市での原発関連の集会でも署名を集めた。

そうした際、わずか数名だが、連絡先を交換してくれる若者もいる。とにかく若い賛同者を一人でも二人でも増やし、脱原発のように運動を盛り上げたい。そんな伊藤の望みはもう一つ。

「反対派も推進派もとことん話し合う討論です。互いにメリットとデメリットを出し合い、総合的に判断する。そういう場が絶対に必要です。いまのJR東海の説明会では何も深まらない。絶対にその実現を目指したいです」

▼なぜ報道されないのか？

大手マスコミはリニアにまつわる問題をほとんど報道しない。

日常的にリニアを報道しているのは、計画沿線となる地元の新聞、山梨日日新聞（山梨県）、信濃毎日新聞（長野県）、そして静岡新聞（静岡県）くらいだ。昨年末からようやく、テレビ朝日、朝日新聞、毎日新聞、東京新聞などが取り上げるようになったが、住民説明会でどんなに怒号が飛び交っても、それが全国紙に載ることはほとんどない。

こんなことがあった。

二〇一三年八月二九日。山梨県都留市にあるリニア見学センターの近くで約五〇人の市民が横断幕やメッセージボードを掲げ、ときにシュプレヒコールを挙げていた。

「世界遺産を目指す南アルプスにトンネルを掘るな」「NO電磁波」「JR東海はすべての情報を公開して疑問に答えて」等々。

そして、そばを通る数十人のメディアの記者たちに語りかけていた。

「お願いしますね！　報道してくださいね！」

予想もしていなかった反対運動の出現に、少なくない数の記者が急遽写真撮影やビデオカメラを回し、短いインタビューも始まった。

この日の記者たちのお目当ては、二年ぶりに再開されるリニア走行実験の再開だった。

二〇一一年、JR東海は、一八・四キロだったリニア実験線を四二・八キロまでに延伸する工事を行なうため、一九九七年から続けてきた走行実験を休止した。その延伸工事が終了したことでの走行実験の再開だった。

二〇一一年までと違うのは、それまで三〇秒間しか実現しなかった時速五〇〇キロ運転が、今後は一分半可能

2013年8月29日のリニア出発式の会場近くで抗議行動をする市民団体。

になったこと。それだけだ。実験再開を見に来た一般住民は、鉄道ファンを含めても極めて少なく、見学センターの土産屋には閑古鳥が鳴いていた。

一方で、一〇〇人以上もいた記者たちは、実験再開に先立つ「出発式」と「試乗レポート」がお目当てだった。出発式では、JR東海の葛西敬之会長、太田明宏国土交通大臣などがスピーチを行ない、彼らがくす玉を割ると、それに合わせて新型車両「L0」がスーと流れるように走り出す演出が用意されていた。

だからこそ、記者たちは予想もしていなかったリニア反対行動の出現に驚いたのだ。通り過ぎるだけの記者もいれば、すぐにカメラを回す記者もいた。私はその何人かに尋ねた。

「リニアの問題はほとんど報道されません。JR東海がスポンサーだと難しいんですか?」

「基本的には、記者とデスクの問題意識に依りますが、最終的には上の部署の判断です。スポンサーに気を遣うのは事実です」

そして、はたして報道はなかった。当日と翌日のメディアを飾った言葉はほぼ横並びだった――

「夢の実現にあと一歩」

抗議行動を報道をしたのは、信濃毎日新聞としんぶん赤旗くらいのものだった。住民の声は無視されたのだ。

これは他人事ではない。

私も、リニアについての記事を書こうと、これまで数十の出版社の編集部に企画を出してきたが、ほとんど企画が通らない。

同じメディアでも、テレビ放映のインパクトは大きいので、知人が代表を務めるテレビ番組制作会社に企画を持ち込んだこともある。強い関心は持ってもらえた。だが、「ＪＲ東海がコマーシャルを打っている以上、民放に企画は通らない。リニアが事故でも起こせば報道できるけど」という返事が返ってきた。

原発事故が起きるまで、主要メディアが原発の問題点を論じることが極めて少なかったその構図がリニア推進でも繰り返されている。

メディアが報道しないことに加え、私が驚いたのは、ＪＲ東海が、リニアに関わる市民運動に「伝えさせまい」としたことだ。

岐阜県でリニア問題を訴える市民団体「東濃リニアを考える会」の事務長の原は、ブログでリニア問題を発信している。それも毎日だ。尊敬の念を覚え、それを本人に伝えると、「いやあ、私は退職して時間があるもので……」と謙遜するが、朝五時には起きて、一日の多くの時間をその情報収集と情報発信に費やすのはたいへんな努力だ。

中津川市在住の原がリニア問題に取り組んだきっかけは、二〇一〇年一一月七日に長野県飯田市で開催された「飯田・リニア新幹線学習会」に誘われて参加したことだった。

学習会では橋山や、電磁波問題の第一人者である荻野晃也、「リニア・市民ネット」代表の川村晃生が講演し、シンポジウムが行なわれた。たいへんな問題が起きているのだと原は感じた。

「ましてや私はJR東海のOBであり、JR東海労のOBでもあります。このまま何もしないことは考えられませんでした」

学習会のあと、主催者やパネリストからの「次は中津川で同じような学習会を行なっては」との話を断る理由は原にはなかった。

「でも当時は、中津川市にはリニア反対を掲げる団体も個人もいなかった。それでも、やると決めた以上はやろうと。先に、二〇一一年二月六日という開催日時だけを決めてしまったんです（笑）」

関係者でビラまきを行なった。「リニア中央新幹線を考える学習会」には、予想を超えて一五〇名の参加をみた。飯田での三人の講師に加え、前中津川市長の中川鮮、JR東海労副委員長の高原順哉がパネラーとしてリニア問題を語った。

その後、原たちは「東濃リニアを考える会」を発足させ、六月から会報「東濃リニア通信」の発行を開始。「通信」は一八号まで発行されているが、できるだけ多くの人に読んでもらいたいとの趣旨で、地元では七〇％のシェアを占める中日新聞に会報を折り込んできた。中津川市で約二万五〇〇〇部、恵那市で九〇〇〇部。その影響もあってか、原のブログは徐々に読者を増やしている。

この折り込みが狙われた。

原のブログと本人からの話を整理すると以下のことが起こった。

中津川市には中日新聞の印刷所がある。その近くにある中日岐阜サービスセンター東濃支店に会報を持ち込み、しかるべき料金を支払えば、中津川市と恵那市の新聞販売店に会報を配送してくれる。「東濃リニア通信NO12」を六月二四日に折り込んでもらうため、原は六月一一日に「折込依頼書」を提出する。一九日の夕方、ファクスが届き、折り込みが許可された。ところが二一日に販売店の代表から電話があった。

「今回は折り込みを許可したが、中日新聞から圧力がかかっているので今後は難しいかもしれない。商業広告以外の折り込みを受けているのは中津川市内だけで、他の地域ではない」

原は知人に依頼したり、自身でも調べてみると、販売店会議に出席した新聞販売店の複数の人間から以下のやりとりがあったとの情報を得た。

「JR東海から中日新聞本社に、リニア関連の折り込みをやめさせるようにとの圧力がかかっている」

原はこれを自身のブログに書いた。

東濃リニア通信
【東濃リニア考える会】 編集責任者 原重雄（090-2688-4399）
NO 6
発行日 2013.2.10

◆リニアはどこを通る？駅はどこにできる？

現在、中央リニア新幹線沿線の概略ルートで環境影響評価調査（アセスメント）が行われていて、今秋には結果が出る事になっています。

当初は環境アセスメントの結果を受けてルートを発表すると言われていましたが、最近のJR東海の発表では少し早まり、9月頃に最終ルートを明らかにするようです。

3Km幅で約300Kmの長さ全域を環境影響調査するには、僅か2年あまりでは不可能であり、最初からルートは大体決まっていたと考えてみれば辻褄があいます。

東濃リニアを考える会としても、ルート予定地の下見や地図を使ってのシュミレーションなどで検討した結果、中津川市内のルートは、東から山口の高土幾山と馬籠峠の間を通り→乙姫岩の下流、竜宮峡付近で木曽川を「明かり」（環境影響評価方法書に出てくる言葉で、トンネルでなく橋で渡る意味）で渡り→瀬戸地区の高峰山と浅間山の山麓を通り玉蔵橋と苗木城跡の間で再び木曽川を「明かり」で渡り→中津商業高校と清掃センターの間を通り→星が見公園付近を通り→美乃坂本駅付近（ルートは直線に近くして蛇行を避けるために現在の美乃坂本駅の隣接は難しいと思われる）に駅を造り→二軒屋の東海ラジオの鉄塔の北側を通ると考えられます。後は阿木川を「明かり」で渡り→久須見→大湫方面を通り→名古屋までトンネル区間となります。

（リニア車両とガイドウェイ）
S N
S S

◆どんな駅ができる？どんな線路？

「リニア美乃坂本駅」の位置は今秋に決まるそうですが、駅は幅50m、長さ約1000m、地上20mと言われています。駅のホームの長さは約500mと予想され線路（ガイドウェイ）は4本です。ホームの前と後にガイドウェイを切り換えるポイントがあり、側線へ出入りするための曲線を緩やかにする必要があり各々約250m必要と思われます。

地上20mと、非常に高い所に駅を造る計画です。ビルが1階3mとしても6〜7階建てに相当します。なぜそのように高い駅が必要なのでしょうか。

中津川の説明会で質問したところ「駅を水平に保つため」との返答でした。甲府・飯田の駅も同じ高さであり、谷の底に駅を造る訳でなく納得できません。考えられる事は「電磁波」の影響を避けるためだけです。

（地上駅のイメージ）
約50m
20m

東濃リニアの会が発行する「東濃リニア通信」。

これにJR東海は「違和感」を覚えている。

しかし私は、これを一方的に信じるのではなく、少なくとも以下の三者からの言質を取る必要があると考えた。

①ＪＲ東海
②新聞販売店
③中日新聞社

①の「ＪＲ東海」については、この件で記事を載せてくれる予定の「週刊金曜日」という週刊誌の編集部が尋ねてくれた。回答は「そのような事実はない」というもので、加えて、東濃リニア通信については「事実を歪曲したり、一方的見解で誤解される記載が散見されると認識している」というものだった。

これは、予想どおりといえば予想どおりの回答だ。

②の新聞販売店。

東濃リニア通信が新聞折込を通じて購読されているのは、中津川市と恵那市。

ＪＲ東海からの圧力云々が取りざたされたのは、両市の新聞販売店会議でのこと。私は、原に「圧力云々」の話をしたという新聞販売店（恵那市）に電話をした。回答は、「いやあ、そういうことはなかったですよ。新聞販売店会議といっても、中津川市と恵那市とでは合同でやることもあるし、別個にやることもあります。おそらくその話とは、中津川市だけでの販売店会議で出た話ではないでしょうか。恵那市では存じ上げません」というものだった。

これを原に伝えると、

「私はその人から直に話を聞いたんです。とはいっても、そういわざるをえないのでしょう。なぜなら、もし一新聞販売店が新聞社などの意向に逆らったら、広告を回してもらえない、つまり大切な収入源を失うからです」

ただ、私は新聞販売店には絶対匿名を条件に取材を申し込んでいたので、「それは事実です」くらいの返事はあるだろうと思っていただけに、肩透かしを喰らった気分になった。
③の中日新聞社。
そして、もし、中日新聞までもが「存じ上げません」と回答したら、原には極めて不利な状況が出揃うことになる。私はダメモトで中日新聞に取材をかけた。すると——。

中日新聞社総務部は以下のように回答した。

「ご質問のとおり、確かに、JR東海から弊社の広告局に連絡がありました。その内容とは、『中津川市周辺での中日新聞にリニアに関する折込みがあるが、その内容に違和感を覚えている。ついては中日新聞社の見解を伺いたい』といったものです。そこで、広告局は、JR東海からそういう連絡があったとの事実だけを中津川市・恵那市の新聞販売店会議の委員に伝えました。でも、どの折込みを入れるか入れないかは、すべて新聞販売店の裁量に委ねられるべきもので、新聞販売店もそのような意向だったので、弊社はJR東海にはその旨を伝えてあります。ですので、JR東海からの圧力と呼ぶには違うと思います」

リニア走行実験（2013年8月29日）。

この回答で確信できたのは、やはりJR東海からの横やりはあったということだ。

そして、いかに「違和感を覚える」とはいっても、それを伝えられる末端の新聞販売店にすれば、これは「折り込み中止への圧力か」と思っても仕方のないことではなかろうかと思う。

幸いにも、東濃リニア通信はその後も新聞折り込みを続けられているが、原はブログで書いている。

「日本を代表する大新聞社でも、大企業や大スポンサーの都合の悪いことは伝えないという話は聞いたことがありますが、身近に実際に起きるとは思いもよりませんでした。事実だとすれば、大スポンサーという権力をもって、田舎で真実を伝えようとする小さな動きに圧力をかけるということはあってはならないことだと思いますし、憤りを覚えます」

似たようなことは、二〇一三年七月二四日、JR東海による神奈川県川崎市麻生市民会館の説明会でも起きた。

説明会の開始前の三〇分間、「リニア新幹線を考える東京・神奈川連絡会」のメンバー数人が、会報「ここが問題！　リニア新幹線」号外のビラまきをしていた。会場の椅子の数に合わせて約八〇〇枚のビラが次々と来訪者に配布される。

そこへ、ＪＲ東海の若い社員二人がやってきて、小さい声で、「ビラまきはおやめください」と伝えた。

「何言ってんの。違法行為じゃないでしょ」

連絡会のメンバーは無視して配布を続けた。

なぜ「やめて」と言えるのかを質すと、若い職員はただ「お願いとしてです」と言うだけで、ビラまきを続ける市民たちを前に気弱そうに立ち尽くしているだけだった。会社の命令に従うしかないＪＲ東海の若手社員たち。命令をした者は表には出てこない。

私が信じられなかったのが、まったく同じことがまったく同じ場所で三ヵ月後の一〇月八日、準備書の説明会でも起きたことだ。今度は三人がかりだった。このとき、私は憤りよりも三人の職員への同情を覚えた。

情報を公開し周知する。そして議論が起きる。それは、リニア中央新幹線という巨大事業を推進する過程において、ＪＲ東海にも住民にも望ましい状況だ。だが現実は、ＪＲ東海は自ら具体的情報を提示せず、かつ市民団体の情報発信を阻害しようとした。

住民説明会はある。しかし、「一人三問まで」などの条件がつけられ、質問の回答に対して再質問しようと思っても、もう質問マイクは戻ってこず、議論にも検討にもならない。賛成派、反対派、中間派の住民や有識者を交えての公開討論会もただの一度も開催されていない。

JR東海労の小林光昭書記長も訴える。

「私たちは反対決議を上げて以来、会社との交渉を八度も求め、やっと実現したのは二〇一一年一〇月です。それでも議論不足だったので再度交渉を求めると、会社は『過去に話し合い済み』との一言で、以後の議論を拒否しています」

橋山にしても「JR東海と話し合いたい」との意向をもっている。それを仲介する人もいた。だが、いまだにそれは実現しない。

かく言う私も、議論とはやや違うが、リニアを取材する過程で、JR東海から取材拒否を受けた。

二〇一二年六月二二日、岐阜県中津川市での住民説明会に私は参加した。その説明会で「後日の質問はこちらで」と案内されたJR東海の環境保全事務所に、ウラン残土の処理方法を電話で尋ね、「いまの東北の放射能汚染がれきの処理も参考にする」と、県外搬出も視野に入れた回答に驚き、私はそれを某週刊誌に書いた。そして後日、新たな質問をJR東海にしたところ、JR東海広報部から、「広報部を通して取材をすることがわかっているはずなのに、通さなかった。しかも報道と名乗らなかった」として、取材拒否を告げられた。

だが二〇一二年の春、広報部を通したとき、担当部署に回してくれるのではなく、「広報部から回答いたします」と言われたはいいが、簡単な質問への回答に二週間もかかり、私は辟易していた。それでは締め切りに間に合わない。

そもそも直接の担当部署から話を聞くのが取材の基本であり、その部署が知りたいから総務部や広報部に連絡をとるのだ。JR東海の「広報部だけが取材に対応する」という基本スタンスは私には知る由もなかった。

私は取材の習慣で電話時に「ジャーナリストの樫田と申します」と名乗ったと思うが、もしかしたら怠ったかもしれない。だが問題は、一般人には担当部署で即時回答して、ジャーナリストは広報に回して何日も経ってから差しさわりのない回答しかよこさないという情報の扱い方だ。

二〇一三年七月二四日。神奈川県川崎市の麻生市民館での住民説明会で、相模原市会議員の藤井克彦（共産党）が以下の質問をした。

「市民独自に説明会を主催したい場合、説明会にJR東海は来てくれますか？」

これに対してJR東海はこう回答した。

「できるだけ多くの方に参加してもらいたいので、このような説明会を開催している。個別説明会は考えていません。ただし、JR東海の環境保全事務所には社員が常駐しているので、こちらをご利用ください」

　同じ相模原市の住民が、「環境保全事務所に行ったことがあるが、（応対用の）椅子が三脚しかないのはおかしい。椅子なら私が買ってあげてもいい。もっと人を入れるべきだ」と発言した。するとJR東海は、「事務所は狭い。電話でも対応します」と、「できるだけ多くの方」にではない対応を予防線として張っている。

　三人であれ直接対応することや、電話でも応えてくれることは悪いことではない。ただ、説明会に参加する多くの人が思っているのは、その場でのやりとりでわかる情報を、その場でできるだけ多くの人と共有したいということなのだ。

静岡県・長野県内の路線構造種別（路線延長）と主な施設

地上部	トンネル	駅	変電施設	保守基地	非常口
4.4km	59.2km	1 箇所	2 箇所	1 箇所	13 箇所

リニアは必要なのか？

2027年に名古屋開通しても、2045年の大阪開通までの18年間、わざわざ名古屋でリニアから東海道新幹線に乗り換える人は多いのだろうか？

▼速いけど早くない

リニア問題を取材するうちに、ふとあることに気づいた。速いけど、期待ほど早くないということである。

品川から名古屋まで四〇分。確かに速い。だが、それは「東京から名古屋までのノンストップ便」で「乗車駅のホームから降車駅のホームまで」の時間だ。

しかし「出発駅の改札」から「到着駅の改札」までで計算してみると意外な結果が出る。場合によっては、東京から大阪までに要する時間は、現在の新幹線よりもわずか二〇分しか早くならないのだ。

第三章で書いたように、リニア中央新幹線は大深度での建設なくして成り立たない。リニア品川駅とリニア名古屋駅も大深度駅となる。おおむね地下四〇メートル以深にある大深度駅のホームに行くには、従来の新幹線のホームに行くより五分程度はよけいに時間がかかる。

大深度と定義はされていないが、東京都内には、六本木駅（深さ四二・三メートル）や後楽園駅（同三七・五メートル）など深い地下鉄駅がいくつかある。これら「大深度駅」では、地上からホームに行くまでに混雑時には一〇分前後かかることがある。

数年前、都内の駅の深さを説明するインターネットのサイトで面白い記述があった。

この路線は駅の多くが地下深い場所にあり、地上との移動に時間がかかることから、テレビ朝日のスタッフが「徒歩で行くべきか地下鉄に乗るべきか迷う時がある」とのことで、同局のバラエティ番組「タモリ倶楽部」で、大江戸線の一駅間を移動するのに「大江戸線乗車と徒歩でどちらが早いか検証する企画」が放送され、赤羽橋駅・麻布十番駅間、麻布十番駅・六本木駅間では「徒歩の方が早く着く」との結果が出た。

ここで考えるべきは、リニアは二〇二七年から二〇四五年までの間は名古屋までしか走らない。となると、たとえば東京から大阪まで行く客は名古屋で東海道新幹線に乗り換えることになる。この乗り換えも大深度駅ゆえに一〇分はかかる。

こうした時間も計算に入れれば、「出発駅の改札」から「到着駅の改札」まではどれくらいの時間がかかるのか？　それを、ＪＲ東京駅からＪＲ大阪駅まで行く場合で計算してみた。

想定条件は以下のとおり。

- **徒歩での速さは普通**
- **エスカレーターでは歩かない**
- **在来線の電車待ち時間は平均二分程度とする**
- **リニア待ち時間は平均六分とする**（一時間に五本の想定なので一二分に一本となり、その中間値をとる）
- **新幹線の待ち時間は平均三分とする。「のぞみ」を利用**

私のこの試算では、場合によっては二一分しか時間が違わない〔ケース①・②〕。これがJR東海や各県の期成同盟会が主張する六〇〇〇万人の首都圏が誕生する「早さ」なのか？

ちなみに二〇一三年度から東海道新幹線はダイヤに影響のない大改修工事に入ったが、二〇二二年の工事完了後、頑強になった施設の上で、現在の時速二七〇キロ運転からJR東日本のような三二〇キロ運転が可能になれば、さらに五、六分の時間短縮を見込める。

重い荷物を持つ人なら、わずか二一分のために、わざわざ高い料金（東京↓大阪なら東海道新幹線より一〇〇〇円高）を払い、乗り換えてまでリニアを利用するだろうか？

これを知人の何人かに尋ねると、八割方が「面倒。最初から東海道新幹線で行く」と答えた。残り二割は「でもリニアには一度は乗ってみたい」という高速体験を希望する声だった。

リニア推進派の野沢太三・元参議院議員も言うように、列車の移動で大切なのは「一つの空間と時間が連続的に確保されている」ことだ。開業から最初の二、三年は物珍しさもあってリニアの需要はそれなりに多いかもしれないが、二〇二七年から二〇四五年までの一八年間、名古屋乗り換えがネックになれば需要は伸びず、二〇四五年の大阪開通も怪しくなる。

二〇四五年開通が実現したと仮定すると、確かにリニアは「改札から改札」まででも東海道新幹線より断然早くなる。だが、大阪以遠では、現在でも、早期割引チケットなどを利用すれば飛行機利用が時間も料金も節約できることから、リニア利用のメリットは東京・大阪間に限られるに違いない。

ケース①

JR東京駅からJR名古屋駅までを在来線とリニア。名古屋駅から大阪駅まで東海道新幹線と在来線を利用する場合。

東京駅改札→在来線のホーム（徒歩）	3分
電車の待ち時間	2分
東京駅ホーム→品川駅ホーム（在来線）	12分
品川駅ホーム→リニア駅ホーム（徒歩）	5～10分
リニア駅ホームでの待ち時間	6分
リニア品川駅ホーム→リニア名古屋駅ホーム（リニア）	40分
リニア名古屋駅ホーム→新幹線名古屋駅ホーム（徒歩）	5～10分
新幹線の待ち時間	3分
新幹線名古屋駅ホーム→新幹線新大阪駅ホーム（のぞみ）	52分
新幹線新大阪駅ホーム→在来線新大阪駅ホーム（徒歩）	3分
在来線ホームでの待ち時間	2分
新大阪駅ホーム→大阪駅ホーム（在来線）	2分
大阪駅ホーム→改札（徒歩）	2分
合　計	2時間17分～ 2時間27分

ケース②

JR東京駅からJR大阪駅までを東海道新幹線と在来線を利用する場合。

東京駅改札→新幹線ホーム（徒歩）	3分
新幹線の待ち時間	3分
新幹線東京駅ホーム→新幹線新大阪駅ホーム（のぞみ）	2時間33分
新幹線新大阪駅ホーム→在来線新大阪駅ホーム（徒歩）	3分
在来線ホームでの待ち時間	2分
新大阪駅ホーム→大阪駅ホーム（在来線）	2分
大阪駅ホーム→改札（徒歩）	2分
合　計	2時間48分

もちろんJR東海や期成同盟会の目的は六〇〇〇万人首都圏の誕生だからそれでいいのかもしれないが。

驚くのは、JR東海が、二〇四五年の大阪開通以後、リニアと東海道新幹線を合わせると輸送実績(乗客数に移動距離をかけた数)が一・五倍以上になると予測していることだ。

二〇一一年度における、東海道新幹線の輸送実績は四三三億人キロ。

これが二〇四五年には、リニアだけで四一六億人キロ、東海道新幹線が二五九億人キロの合計六七五億人キロになるというのだ。

リニアに関する内訳は以下のとおりだ。

- **東海道新幹線からの転移……二五七億人キロ**
- **航空機からの転移…………三〇億人キロ**
- **高速道路等からの転移………三〇億人キロ**
- **リニア開通による新規需要……九九億人キロ**

この需要予測を「ありえない」と断言する一人は、JR東海労の小林光昭書記長だ。

「たとえば、近年からLCC(格安航空便)が普及し始め、東京・大阪間なら一万円を切る料金設定も珍しくありません。高速バスにも人気が集まっています。これらの成長産業から顧客が流れるとは思えないんです」

そう言って小林書記長は、国立社会保障・人口問題研究所のホームページから取ったという数字を見せてくれた。

それによると、二〇四五年の日本の推定人口は約一億二〇〇万人。現在の一億二七〇〇万人から二割も減る。さらに中心的な新幹線利用層である産業人口（一五～六四歳）にいたっては、八〇〇〇万人から五三〇〇万人と三四％も減る。

「人口が二、三割も減って、客だけが一・五倍になるなんて、需要予測の信頼性を疑わざるをえません。こんなデタラメな需要予測でリニア計画に邁進されて困るのは、私たち社員です。下手すれば、おまんまの食い上げですよ。今後は、東海道新幹線の本数を人口減に合わせて調整するのが正しい経営戦略だと思う」

同じ区間に二つの新幹線を走らせるわけだから、単純計算だと客数は二倍にならなければ採算がとれない。一・五倍という数字はむしろ控え目かもしれないが、経営陣は、リニア推進のためにその数字を無理にでも出さねばならないのだろう。

「だから私はJR東海の社員の多くがリニア計画は無理と思っているはずと確信しています」

▼声にならない声――「リニア、いりませんよね」

実際、JR東海社員はどう思っているのか。彼らの本音はどうなのだろう。

一部だが、肉声をとらえたのが、「リニア新幹線を考える東京・神奈川連絡会」の活動だ。

二〇一二年一〇月二二日午前七時。品川駅の社員専用バス停（大井車両基地行き）で、連絡会のメンバー七人が社員へのビラまきを実施した。

代表の天野が、バスを待つ社員たちに「おはようございます」とハンドマイクで挨拶をしてから、「リニア沿線住民団体です。JR東海社員の皆さん、私たちの切実な声を聞いてください」と呼びかけた。

メンバーは用意したビラ五〇〇枚をバス待ちの一人ひとりに渡した。受け取りはよく、四五〇枚がさばけた。ビラはこう訴えていた（抜粋）。


「JR東海と関連会社社員に訴えます！　東京・神奈川の私たち想定ルート沿線住民は、リニア新幹線計画の内容を具体的に知らされていません」

「公共事業というなら、早急に住民や利用者に対し説明会を開くべきです」

「（名古屋までの）建設費も五兆四千億円では賄いきれず、そのため税金投入されたり、社員の皆さんへの『しわ寄せ』を招くことになるのではありませんか？」

「高速で大深度を疾走するリニアの地表への影

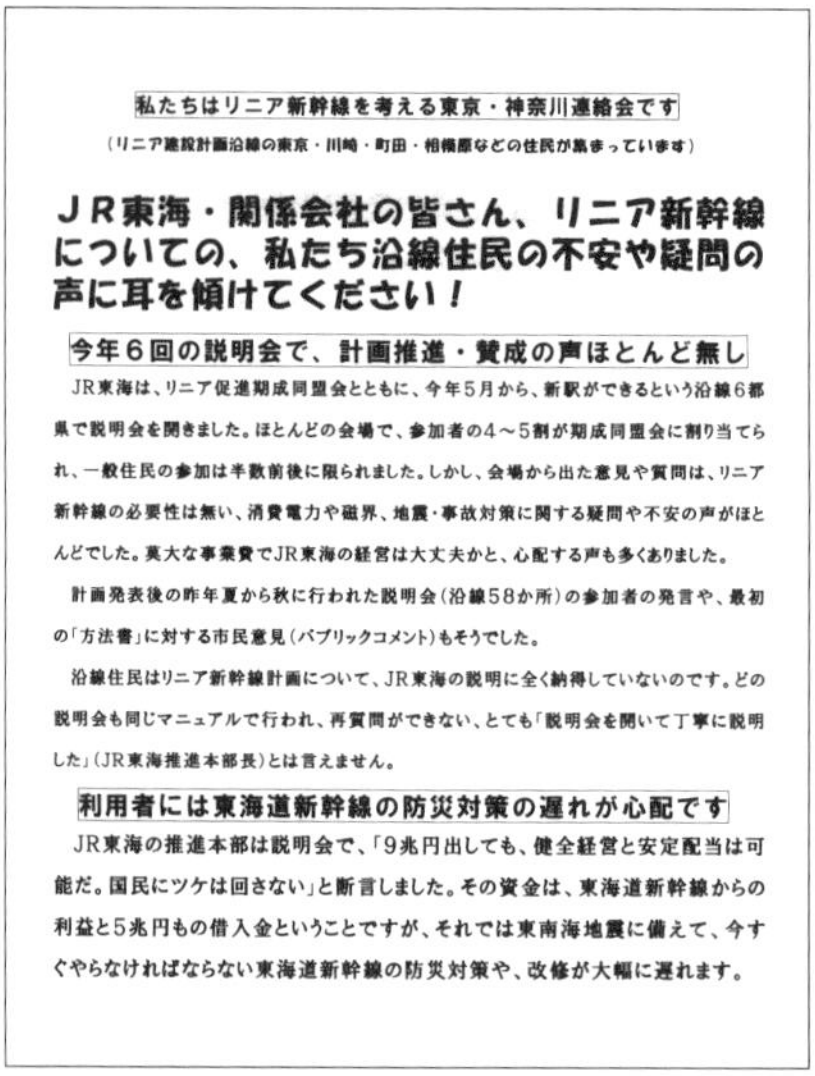

私たちはリニア新幹線を考える東京・神奈川連絡会です
（リニア建設計画沿線の東京・川崎・町田・相模原などの住民が集まっています）

ＪＲ東海・関係会社の皆さん、リニア新幹線についての、私たち沿線住民の不安や疑問の声に耳を傾けてください！

今年６回の説明会で、計画推進・賛成の声ほとんど無し

JR東海は、リニア促進期成同盟会とともに、今年5月から、新駅ができるという沿線6都県で説明会を開きました。ほとんどの会場で、参加者の4～5割が期成同盟会に割り当てられ、一般住民の参加は半数前後に限られました。しかし、会場から出た意見や質問は、リニア新幹線の必要性は無い、消費電力や磁界、地震・事故対策に関する疑問や不安の声がほとんどでした。莫大な事業費でJR東海の経営は大丈夫かと、心配する声も多くありました。

計画発表後の昨年夏から秋に行われた説明会（沿線58か所）の参加者の発言や、最初の「方法書」に対する市民意見（パブリックコメント）もそうでした。

沿線住民はリニア新幹線計画について、JR東海の説明に全く納得していないのです。どの説明会も同じマニュアルで行われ、再質問ができない、とても「説明会を開いて丁寧に説明した」（JR東海推進本部長）とは言えません。


利用者には東海道新幹線の防災対策の遅れが心配です

JR東海の推進本部は説明会で、「9兆円出しても、健全経営と安定配当は可能だ。国民にツケは回さない」と断言しました。その資金は、東海道新幹線からの利益と5兆円もの借入金ということですが、それでは東南海地震に備えて、今すぐやらなければならない東海道新幹線の防災対策や、改修が大幅に遅れます。

「リニア新幹線を考える東京・神奈川連絡会」が年に数回、JR東海社員へビラを配布する。

響（振動、走行音、電磁波）についてＪＲ東海リニア推進部は『ほとんどない』と答えています」

「少子高齢化が進む日本で数十分を短縮するだけの見返りがあるとは到底考えられません。皆さん、リニア計画の凍結と再検証を求める私たちの声を聞いて、ぜひ、社内でも声を上げてください」


ビラを受け取った一人が天野に声をかけた――「頑張ってください」

「リニアは、いりませんよね」と言ってくれる人もいた。

自らビラを受け取りに来る人もいた。

声には出さずとも、乗り込んだバスの中で熱心にビラを読む人もいた。

このビラまきは今まで四、五回ほど行なわれているが、天野は「ＪＲ東海内には、間違いなく多数の〝常識〟がある」と確信している。

「そことこそ積極的につながりたい。残念なのは、ビラまきの後に連絡がないことですが、いつかは誰かと繋がれる。今後もビラまきは続けます」

▼リニアを止める！――「リニア新幹線沿線住民ネットワーク」の誕生――

リニア計画の凍結を！　その思いが熱気として伝わってきた集会だった。

二〇一三年二月一〇日、市民団体「リニア新幹線沿線住民ネットワーク」が主催したシンポジウム「脱原発社会にリニア新幹線は必要か」が開催された。開演一〇分前に到着したら、会場「ソレイユさがみ」の一八〇席はすでに満席。演壇の両側の床も三方の壁も人で埋まり、会場に入れない人は、廊下から背伸びをするように中をうかがっていた。

会場は、当時、ＪＲ東海がリニア中央新幹線の中間駅になると目されていたＪＲ橋本駅（神奈川県相模原市）のすぐ隣。市民団体「リニア新幹線を考える相模原連絡会」の活動で、中間駅建設のための相原高校の移転や、津久井湖や相模湖などを擁する県の水源地で五〇ヘクタールもの山が削られ谷が埋められ建設される車両基地のことを知った市民が会場を埋めたのだ。

長野県大鹿村の山根沙姫、岐阜県中津川市の原重雄、神奈川県川崎市の天野捷一、住民のブレーン的存在の橋山禮治郎など関係者が一堂に会していた。集会は、いままで各地で点として活動してきた市民団体が、今後は連携して線として活動するための決起集会だった。

集会冒頭の講演で、反原発を貫く有名なジャーナリスト、広瀬隆が、その「夢」を強く否定した。

「（この計画を）私は許しません。絶対に許しません！」

その反対理由は多岐にわたる。

たとえば電磁波。リニアは一九九七年以来、山梨県で走行実験を続けてきたが、山梨実験線での実測値データを出さないＪＲ東海に、広瀬は「これは放射線と同じ問題です」と声を上げた。

そして地震。記憶に新しい二〇一二年末の笹子トンネル（山梨県）での天井崩落事故について、広瀬は「老朽化よりも地震が原因」と断言した。東日本大震災以来、長野県や静岡県で頻発する地震。その揺れが天井板のボルトを緩めたのだと。さらに、この笹子トンネルがリニアのルート上にあるとの指摘に、会場から「あっ」と声が上がった。

パネルディスカッションは、この問題に詳しい有識者たちの報告が続いた。

橋山は「国民に周知しないで計画を進めてきた」と、国とJR東海を強く批判した。

「めちゃくちゃな計画です。おもちゃのような鉄道は間違った選択。国民の考えを入れての判断を誰もしていない。私自身はリニアには賛成でも反対でもないが、民主主義のプロセスを踏んでいないのはまずいと思う。ドイツは特別立法で『リニアの需要を調べよ』で国会がリニア計画は『NO』と決めた。だから日本でも、今後は、国民の判断で、市会議員や国会議員など、知らない人に働きかけていくことです。そして、私が思う解決策は、中央新幹線はリニアではなく既存の新幹線を敷くことです。ならば、利便性はある。技術も確立されている。そして南アルプスを迂回できる。リニアだけにこだわるのはダメ。やめさせるべきです」

設立集会では、各地の市民団体の代表が決意を述べた。

産業技術総合研究所の阿部修治（物理学者）は、

「鉄道は、速くなるほど危険性が増す。リニアは停電したらメインブレーキが作動しない。技術者がこの新しい技術に熱中するのはわかる。だが、公共的な乗り物を技術マニアに任せられない。リニアは、従来の新幹線よりも可燃物が多いことは覚えておきたい」

と技術的リスクを強調した。

これらの情報はリニア問題を初耳だという人には必要だ。だが私は、リニアの問題点はほぼ出揃ったととらえている。つまり、これから住民がどう動くのかこそを考えるべきだと思っている。

会場の市民も同じ思いだったようだ。コーディネーターを務めた市民団体「リニア・市民ネット」代表の川村晃生（慶應義塾大学名誉教授）が「どうすれば凍結できるのかの運動論も必要です。世論を高めるにはどうするのか。何か案はあるでしょうか？」と問いかけると、次々に手が挙がった。

「国会議員への働きかけを」「JRとの討論会を」「新聞に意見広告を」

なかには、「こんな専門的内容では、逆に家庭の女性には伝わらない。実際、『リニアの集会あるんだけど』と女性を誘っても『何、それ？』で、いまだに問題が知られていない」との手厳しい意見もあった。

そのとおりだ。専門家だけの市民運動はありえない。

最後は、各地の住民代表が壇上に並んで決意を述べた。

「リニア・市民ネット」（山梨県・川村晃生代表）

「飯田リニアを考える会」（長野県・片桐晴夫代表）
「NO！リニア連絡会」（長野県・山根沙姫代表）
「東濃リニアを考える会」（岐阜県・原重雄事務長）
「リニア新幹線を考える相模原連絡会」（神奈川県・浅賀きみ江代表）
「リニア新幹線を考える東京・神奈川連絡会」（東京都と神奈川県・天野捷一・懸樋哲夫共同代表）

大鹿村の山根は、村では「着工されたら、トラックの前に立ちふさがります」とまで話してくれたが、この日も「絶対に凍結させます」と強く表明した。

JR東海が自費でのリニア建設を表明した二〇〇七年末からすでに六年。その間、JR東海は着々と手続きを進め、残った重要な手続きのうち、住民が対峙できるは、それまで行なってきた環境アセスメントの結果を「環境影響評価準備書」として縦覧し説明会を開催するだけだ。

集会の時点で、それがあと数ヵ月のところまで迫っていた。そこに至る前にやっと実現した今回の沿線住民の連携だった。その熱気に広瀬が発言した。

「今日はなぜこんなに集まったの？　ここにタネがある。悲観的になるのはだめ。だって今日がスタートなんだから。いまから運動をやれば大丈夫。絶対に止まります」

大きな拍手が湧いた。

▼ネットワーク、国土交通省へ

二〇一三年六月七日午後。東京都の地下鉄霞ヶ関駅の地上出口に、「リニア新幹線沿線住民ネットワーク」のメンバーや各地でリニア計画に反対している約四〇人が集合した。

「NO!リニアデー」と名づけられたこの日の一つ目の行動は、鉄道事業を管轄する国土交通省への申し入れ行動だ。

国交省の正門前。山根が写真撮影に応じるため、カバンから「NO!リニア連絡会」として集めていた署名簿を取り出した。六九一九筆。大鹿村で出会った二〇一二年七月、山根は「署名は、効果のあるタイミングを見計らって提出したい」と語っていた。やっとそのときが来た。

集まった約四〇人が会議室に入る。国交省鉄道局幹線鉄道課や施設課の職員五人を前に、天野が「中央新幹線計画の凍結と再検証を求める要請書」を読み上げた(概要)。

初めて国土交通省(右)と交渉する各地の市民団体

リニア新幹線はスピードだけを追求する鉄道であり、採算性、安全対策、環境への影響について、計画沿線住民を中心に、多くの問題点が指摘されています。

リニア新幹線は東京から名古屋まで数多くの活断層を横切ります。いったんそこで強い地震が発生したら、リニア新幹線は重大事故に遭う危険性が高いと私たちは考えます。また、南アルプスに長大トンネルを掘ることは、最大の自然破壊行為です。すでに、山梨実験線の延伸工事ではトンネル掘削で地下水が枯渇する事態が起きています。

計画が明らかになって2年経ちますが、私たち計画沿線住民はこれまで、安全対策、環境対策、電磁波対策、電力消費量、騒音・振動のレベル、トンネル掘削工事の進め方、残土処理の方法など不安な問題について、JR東海から具体的で詳細な説明を受けていません。

国土交通大臣におかれましては、リニア新幹線計画が内包するこうした問題点についての私たちの切実な声に耳を傾け、計画をいったん凍結し、再検証するよう強く要請します。

次いで、足かけ三年をかけて署名を集めた山根も「NO！リニア連絡会」の要請書を読み上げた。

山は水瓶であると言われますが、トンネルを掘れば水が出るのは明らかです。水の流れが変われば水の確保は難しくなりますし、生態系にも影響します。自然破壊で失われたものは、もはや、人間の力では修復できません。大きな犠牲を払ってまでこのリニア新幹線が私たちの生活や未来に本当に必要とは思いません。これからは自然と共生し安心安全に暮らせる未来を私たちは望みます。よってここにリニア中央新幹線　計画中止を求めることを賛同者の連名をもって申し入れます。

天野と山根は太田国土交通大臣宛ての署名（リニア凍結関係一万一六六八筆、「NO!リニア連絡会」の六九一九筆、「リニア・市民ネット」の署名「南アルプスにトンネルを掘らないでください」の追加分六三一筆）を提出した。

国交省に来るまではにこやかだった山根は、終始硬い表情を崩さなかった。交渉中は職員を凝視し、一心にメモをとり続けていた。

実際、国交省の回答は責任の不在を露呈したものだった。

国としてJR東海を指導できないのか？　この問いかけに、「JR東海は法に基づいてアセスをしている。国として、まだアセスの中身を見ることができないいま、指導はできない」と回答した。参加者から、「それじゃ丸投げだよ」との声が上がった。

川村が、JR東海のアセスはずさんだと国交省にかみついた。

「私はある道路建設に関する市民運動にも関わっているが、距離一五キロのアセスに七年もかかった。リニアは二八六キロもありながら、たった三年でアセスが終わる。これが可能とお考えでしょうか？　南アルプスにトンネル掘るといいながら、JR東海は、山梨県でたった一二ヵ所の湧水と井戸水だけの調査をしただけ。三年でやろうとするから、そんな馬鹿な調査になる。国から指導があっていいはず」

「我々としても、結果を見て、アセスが不十分であれば、工事開始前にアセスを再検討させるなどは法的にはできます」

市民団体にとっては、この答弁がこの日唯一の収穫だった。

山根が職員に尋ねた。

「故郷を守りたいという声があります。お若い方もいますけれど、それを聞いても、担当者は、仕事としてではなく、一市民として夢のリニアに乗りたいのでしょうか？」

拍手が湧いた。予期せぬ質問に、一人の若い職員は答えに詰まった。

「あの、仮定の話ですので……。まあ、地元によくなる方向で考えていきます」

山根はもう一人の若い職員に向かって手を差し伸ばした。あなたも発言してと。

「まあそのあの……、我々としては、リニアに限らず、乗りたいと思うようなものを造っていくしか……」

「実際に工事が始まって、リニアが走って、生態系が変わったら誰が補償してくれますか？」

「そのときにならないと……」

「そのときにならないとわからないんですか」

明確な回答はなかった。だが、地域を思う山根の言葉は職員に届いたと信じたい。

「NO!リニアデー」の二つ目の行動は衆議院第一議員会館での院内集会「リニア計画の凍結・再検証を求めて」だ。焦点の一つは南アルプスだった。

日本地質学会名誉会員であり「伊那谷自然友の会」（飯田市）の常任委員である松島信幸が警告した。

「南アルプスは、日本列島でもっとも活発に隆起している地域。標高三〇〇〇メートル級の荒川前岳の山頂は年々後退しています。三角点が設置された山頂は三〇年前に崩落しました」とスクリーンに投影された崩落した山頂写真に、会場を埋めた一〇〇人の参加者は唸なった。古代ではなく現代の現象なんだと。松島ははっきりと批判した。

「この場所でのトンネル造成や維持は簡単ではない。事故が起きて誰が責任をとるのでしょうか」

大鹿村中央構造線博物館の河本和朗も、南アルプスの地質が脆いことを誰よりも知っている一人だが、「南アルプスの三〇キロから四〇キロ直下までフィリピン海プレートが食い込んでいます。地震が起きれば、その周辺も震度七の揺れに見舞われます。トンネルは造るべきではありません」と、リニア計画の危険性を訴えた。

最後に天野が「リニア計画は嘘で塗り固められています。私たちの生活を豊かにしない。環境も破壊する。リニア着工を食い止めたい」と挨拶をして集会を締めた。

ここまで沿線の住民が統一行動をとるとは誰も予測していなかったはずで、「集会は、国土交通省にそれなりのインパクトを与えたはず」と川村は言った。

▼**議員の関心**

院内集会で、国会議員として挨拶に立ったのが衆議院議員の佐々木憲昭（共産党）だ。

これまでリニア計画について質問主意書を提出した国会議員は二人いた。一九九一年の長谷百合子（衆議院・社会党）と二〇一〇年の中島隆利（衆議院・社民党）だ。リニア関連の調査を進めていた議員は、田城郁《かおる》（参議院・民主党）と山崎誠（衆議院・民主党）の二人くらいだったが、山崎は二〇一二年末の総選挙で落選した。

国会でリニアについての質疑を行なったのは、二〇一三年四月一五日の衆院予算委員会分科会での佐々木が初めてだった。

質疑で、佐々木は、リニア計画が住民を無視して推進されていること、大規模公共事業でありながら国会審議などが無関与のまま進められていることを指摘。ＪＲ東海のリニア推進理由にも疑問を呈した。

住民団体にすれば「やっと国会議員が……」との思いである。

もっとも地方を見れば、大鹿村の河本明代のように、一人か二人くらいは脱リニアを訴える議員がいる自治体は各地にある（ちなみに共産党は党是としてリニア反対を打ち出している）。

これがいま着実に増えていることを思わせたのが川崎市だった。

川崎市では二〇一一年一〇月の方法書説明会以来、一度もＪＲ東海の説明会が開催されないでいた。「これはまずい」と天野は思っていた。

「あの説明会では具体的回答がないのはわかっています。ただ説明会では、僕たち住民が『計画には納得していないぞ』との意思を示すことができる。しかし、僕たち住民団体がJR東海に説明会開催を訴えても、せいぜい上限三人までの来訪が許されるJR東海環境保全事務所に申し入れに行けるだけ。これでは、情報が市民に広がらない」

そこで、「リニア新幹線を考える東京・神奈川連絡会」は、市からJR東海に説明会の開催を促してもらおうと決めた。

二〇一三年三月一三日。連絡会は、川崎市議会議長宛てに「リニア中央新幹線に関する説明会促進の陳情書」を提出。するとこれが、五月二二日、野党もいれば与党もいる「市まちづくり委員会」で、全員一致で趣旨採択されたのだ。委員の意見は以下のとおり。

「JR東海の情報公開が遅い」

「JR東海の対応は不誠実。大深度を走る武蔵野南線も音が地上で聞こえる。電磁波を含め市民の不安に感じていることを確認してほしい」

「二〇一一年秋の説明会に市は参加していない。なぜか。まちづくりの一環として、市主催で説明会を開く考えはないのか」

「市として情報活動が足りない。一四〇万市民のほとんどがリニアを知らない。JR東海はホームページで公開しているというが不十分」

「市の市民に対する対応は不誠実。リニアには騒音・振動・水の問題など、市民への影響は大きい。

説明会もＪＲ任せにしないで積極的に開くべき」

その結果が、住民に「この説明会はＪＲ東海のアリバイ作りか！」と言わしめた二〇一三年七月二四日の説明会（一四一ページ参照）の実現である。説明会では、「アリバイ」の言葉どおり、ＪＲ東海が具体的回答を示さなかったのは前述のとおりだ。だが、天野は落胆していなかった。

説明会終了後、会場の外で輪になった仲間に天野は冷静に自分なりの分析を語った。

「みなさん、お疲れ様でした。やはり、説明会を開催させてよかったと思います。今回も具体的回答はなかったけど、意味がないわけではない。少なくとも、ＪＲ東海は、我々の反対がだんだん強くなっていることを感じているはずです。簡単に計画遂行ができないぞとの認識を強めさせたことでは、今日は意義があったと思います」

天野たちの街頭でのビラまきなどで、初めて説明会に参加したという地元の女性は、説明会での質疑応答に「びっくりした」と語った。

「こんな計画だったのかとびっくりしました。大阪まで行くには東海道新幹線で十分だし、ＬＣＣだと東京・大阪なら五四〇〇円だってあります。リニアは必要なのでしょうか。私は高いお金を払って、市内の環境のいいところに家を建てました。でも、その地下をリニアが通るなんて知らなかった」と、今後も見過ごせないとの意思表明をした。

天野が頷いた。

「これはおかしい計画だと思う議員が動けば、少しずつ状況は変わる。そう思います」

果たして、国会議員や地方議員がそれなりに動き始めるのは二〇一四年七月を待たねばならなかったが、その概略は後述する。

▼誰がリニアを必要としているのか?

マスコミはリニアの問題点を検証する記事をほとんど報道しない。だが、信濃毎日新聞や山梨日日新聞などの地方紙は随時、その未来像や問題点を報道してきた。もちろん、市民団体の「新聞」もそうだ。少なくとも、計画沿線の住民は徐々に「夢の超特急」の実像を知り始めている。

二〇〇九年に朝日新聞甲府総局が行なった「リニア新幹線はどのルートにすべきか」とのアンケートには、回答した四一四六人のうち五七%の二三五三人が「リニアは必要ない」と回答した。

二〇一一年、長野県が約四〇〇〇人を対象に実施したリニアに関する県民意識調査でも、もっとも多い回答は「特に期待しない」の三四%だった。

二〇一三年三月二日と三日に開催された神奈川県相模原市の「橋本公民館まつり」では、「リニア新幹線を考える相模原連絡会」がリニアに関する展示を出した。そのうえで、「東京・名古屋への移動には、『新幹線のぞみでの百分』と『リニアでの四十分』のどちらを選ぶか」のシール投票が実施された。その結果は九〇%以上が「のぞみ」を選んだ。

これは、リニアに付随するさまざまな問題——各地の水源を壊し、処理方法も定まらない残土を発生させ、高校を移転させ、終の棲家から住民を立ち退かせ、電磁波の不安を解消もできず、もしかすると税負担もあるかもしれず、トンネル内事故の対策も打ち出されない——について、JR東海が説明会で具体的回答を避けてきたことも大きな要因だと私は捉えている。

JR東海は言い続けてきた。

「具体的な事業内容につきましては、準備書でお示しします」と。

さすがにその時には、JR東海は、住民からの質問に具体的に回答しなければならないと、多くの住民は予想していた。

そして、二八六キロの長さにわたる環境アセスが終了し、JR東海がその準備書を公開したのは、二〇一三年九月一八日。

都県ごとに作成され、それぞれ数千ページもある分厚い報告書だ。いったいどれほど、事業内容や環境アセスの結果が具体的に描かれているのか。

JR東海のホームページでも公開されたので、各地の市民団体はいっせいにアクセスをした。

そして失望した——「方法書とほとんど同じ内容じゃないか！」

リニアのルートに関するアンケート

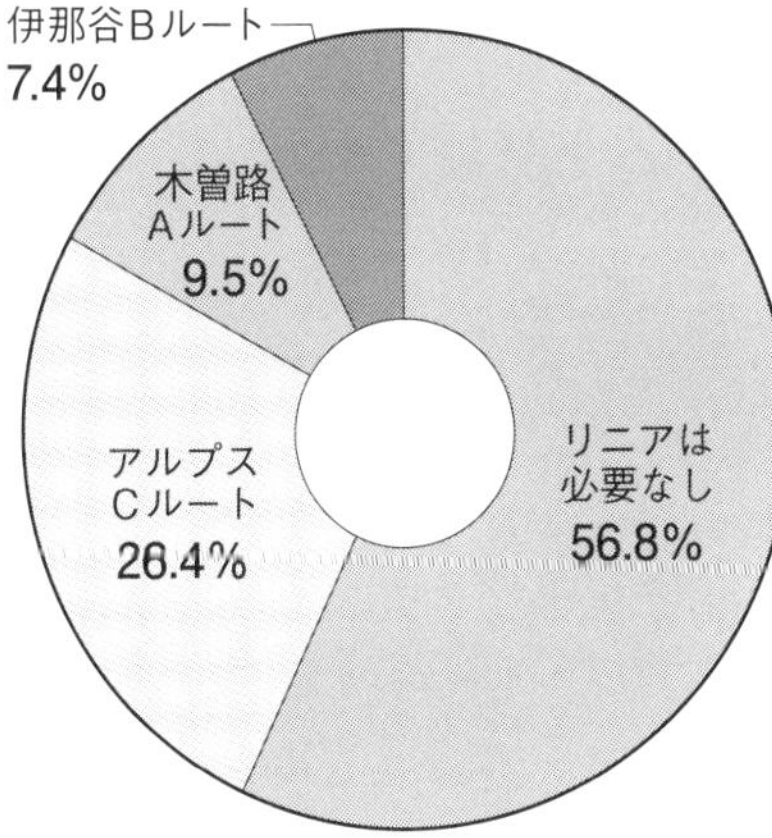

朝日新聞甲府総局調査

岐阜県内の路線構造種別（路線延長）と主な施設

地上部	トンネル	駅	車両基地（工場、保守基地含む）	変電施設	非常口
6.5km	48.6km	1箇所	1箇所	2箇所	7箇所

土壇場での懸念の噴出

2013年9月。環境影響評価準備書の公開で、いくつかの自治体が「こんな計画か!」と青ざめた。63万人分の水源枯渇、環境破壊、生活破壊。懸念が噴出した。

▼加速の第一歩

ＪＲ東海のリニアに関する「環境影響評価準備書」が公開されたのは、二〇一三年九月一八日。ＪＲ東海が「具体的な事業内容は準備書でお示しします」と明言していた「準備書」がとうとう出たのだ。

二〇一一年一二月から行なってきた環境アセスの結果と、その対策を盛り込んだ報告書は、東京都から愛知県までの一都六県ごとに作成され、それぞれ数千ページもある分厚いものだった。

各地の市民団体からも連絡があった。

「とうとう出ましたね。どう具体的に書いてあるのかじっくりと読んでみます」

私もすぐにＪＲ東海のホームページにアクセスして目を通した。すると確かに、二〇一一年九月に出た方法書と比べると具体的記述が増えていた。

たとえば、方法書では幅三キロで示された走行ルートが、今回は線として描かれ、五キロおきに設置されるとされた非常口（立坑や横坑の総称）の場所も特定され、中間駅、変電所、車両基地などの施設の位置も示された。各地での建設残土発生量も明記されていた。

ところが、読み進めるうちに「あれ？」と目を疑った。

たとえば、「天然の水瓶」と称される南アルプスには、史上初めてトンネルが掘られ、その長さは二〇キロ以上にもなるのだが、その掘削工事が南アルプスの水枯れを起こすのではないかと、地元住民は深い懸念を抱いている。準備書（長野県）にはこう書かれていた（抜粋）。

「トンネルが通過する深層の新鮮岩部の多くは透水性は低いと推定される。トンネル周辺以外の深層の地下水や浅層の地下水への影響は小さいと考えられる。全体としてトンネル工事による地下水の水位の影響は小さいと予測する」

「推定される」「考えられる」「予測する」。本当に調査をしたのかと疑われる言葉だけが並んでいる。実際、その根拠が描かれていない。

そして驚いた。二〇一三年五月一三日の山梨県甲府市で開催された住民説明会で、ＪＲ東海が、山梨県でわずか一二ヵ所の湧水と井戸を調査しただけということはすでに書いたが、準備書においても、調査地点数はまったく同じ。つまり、ＪＲ東海はその後も新たな調査をすることなく、「影響は小さい」と判定したのだ。

もう一例。

岐阜県のリニア通過予定地でのウラン鉱床の有無についてはどう書かれているのだろう。

岐阜県東濃地域には日本最大のウラン鉱床が存在する。リニアがここにトンネルを開けると、放射性物質であるウランを含む建設残土が排出され、肺がんを誘発するラドンガスという気体の放射性物質が拡散する。準備書にはこう書かれていた。

「ウラン鉱床の範囲は、『日本のウラン資源』（昭和六三年、動力炉・核燃料開発事業団（現在の日本原子力研究開発機構））に最新の知見が示されており、計画路線はウラン鉱床を回避している」

つまり、ＪＲ東海は、リニアのルート上で、ただの一本もボーリング調査を行なっていない。開発機構の四半世紀も前の調査で十分だと結論づけている。だがその開発機構は、私の、「ウラン鉱床のあるなしはすべて把握しているのか」との質問に、「掘ってみなければ実際の地質はわからない」と回答しているのだ。もしウラン残土が出てきたらどうするのかのシミュレーションも準備書には示されていない。

何だ、これは。私は思わず声を出していた。方法書とほとんど同じではないか。

リニアが通る長野県大鹿村の河本明代も、建設残土問題について、フェイスブックで「方法書のときの記述と大差ない」と書いている。

「静岡県や山梨県の準備書では残土の処分地が示されているけど、長野県では処分地が決まっていないので、残土量が示されているだけで、方法書のときの記述と大差ない。にもかかわらず、事業者により実行可能な範囲で再資源化を図る、あるいは関係法令を遵守し適正に処理、処分するといった記述で、『実行可能な範囲で低減されている』と（準備書では）評価されている」

そして、わずかに具体的に示された一つである建設残土の運搬について、河本は驚きを隠さなかった。

南アルプスのトンネル工事で大鹿村では約三〇〇万立方メートル（東京ドーム三杯分）の残土が排出されるのだが、村には仮置きする場所もないため、全量が村外にダンプカーなどの大型工事用車両で搬出される予定だ。その台数、一日に最大で一七三六台！　搬出時間が八時から一七時と仮定する

大鹿村のメイン道路。保育園の脇を1日1736台もの大型車両が通ることになる。

と、一分に三台が、軽自動車ですら譲り合う村の狭い道を走り、小学校や保育園のすぐ脇を抜けていく。騒音、振動、土埃、泥、生活や観光への交通阻害、子どもの通学への不安。これが朝から晩まで一、二年間も続く。それはもはや現実的な日常とはいえない。

　そして、それだけの大型車両が通るのに、発生する騒音は環境基準の七〇デシベルをギリギリ下回る六九デシベルと予測されており、「影響は小さいと予測する」と評価されている。さらに、大鹿村を流れる小渋川の支流である小河内沢の流量がリニア工事により三四%も減ることにも「影響は小さい」と評価されている。

　河本だけではなく、多くの住民が目を疑ったのは言うまでもない。

　だが、マスコミ報道は違った。あの分厚い準備書を読みこなすには何日もかかるのに、マスコミは公開の当日と翌日に、早くもリニア実現が確定したかのような報道に終始した。

「夢の新幹線」「経済効果に期待」「巨大都市圏の誕生」等々――。

環境影響評価法に則り、準備書は九月二〇日から一〇月二一日にわたって沿線自治体やインターネットで縦覧され、九月二七日から一〇月一八日までは一都六県の九二ヵ所での住民説明会が開催された。この住民説明会は、JR東海が当該自治体・住民と対峙する最後の機会である。

縦覧と説明会の開催と同時に、JR東海は国民からのパブリックコメントを募集し、当該自治体に常設されている「環境影響評価審査会」（一般市民や有識者で構成）が計画についてJR東海と審議をして、当該知事や首長に計画の妥当性や課題についての答申を出す。答申を受けた知事は、リニア計画の評価や問題点を盛り込んだ「意見書」を二〇一四年三月二五日までにJR東海に提出する。

その意見書の内容を、JR東海は準備書に盛り込み、四五日以内に、国（国交省）に「環境影響評価書」を提出する。これについて、環境大臣が四五日以内に国交大臣に意見書を出し、九〇日以内に国交省がJR東海に意見書を出す。その意見書を受け、JR東海は「補正評価書」を作成し国交省に提出。これが認可されて、初めて着工が可能になる。

つまり、リニアの実現が決まったわけではないのに、マスコミはお祭り騒ぎに終始したのだ。

この報道姿勢には少なからぬ沿線住民が失望した。しかしそれ以上に失望したのは、結局、準備書の内容が方法書とほとんど変わらなかったことである。そして、準備書を貫く一つのキーワード。

市民団体「リニア新幹線を考える東京・神奈川連絡会」の矢沢美也は、「水環境への影響、建設残土の発生、動植物や生態系への影響、騒音や振動等々のすべてに、準備書では判で押したように『環境への影響は小さいと予測する』と評価されています。しかも、その根拠がほとんど描かれていないんです」と本当にアセスをしたのかの疑いを消すことができない。

もともと全長二八六キロ、幅三キロの広大な範囲を、わずか二年弱できめの細かい環境アセスできるのかとの指摘はあった。

「やはりできなかったのです」(矢沢)

▼「ご理解」なんてできない

二〇一三年一〇月八日。一三時半から神奈川県相模原市で、一八時からは川崎市において、準備書の住民説明会が開催された。私はこの両方に参加したが、結局は、具体的な事業内容が明らかにされていないことに、「はい!」と何本もの質問の手が挙がっていた。

神奈川県内では一一四〇万立方メートルもの建設残土が発生する。これをいったいどこに持っていくのか? ストックヤードはどこに設置するのか?

「今後、当該自治体と話し合って決めます」

質問をした男性は、「数ヵ月前までは準備書で明らかにすると公言していたのに」と憤りを隠さなかった。

1都6県のリニア工事で発生する建設発生残土と建設汚泥の量（単位：m^3）

	東京都	神奈川県	山梨県	静岡県	長野県	岐阜県	愛知県	合　計
建設発生残土	600万	1140万	676万	360万	974万	1280万	650万	5680万
建設汚泥	151万	225万	42万	22万	80万	37万	122万	679万

JR東海の環境影響評価準備書より計算。5680万m^3とは諏訪湖が埋まるほどの量。このうち処理先が決まっているのは2割のみ。

また、想定どおり、神奈川県でのリニア中間駅は現在のＪＲ橋本駅に隣接する県立相原高校の敷地に決まった。ここに幅五〇メートル、長さ一キロの地下駅が建設される。これにより数年後には相原高校は移転を余儀なくされるのだが、その近くに住む高齢の女性が質問の手を挙げた。

「私が住んでいるマンションは相原高校のすぐ近くです。私はここを終の住処として住んでいます。もし相原高校が駅に変わるのなら、駅周辺も再開発されるのでしょうか？　私のマンションも立ちのきになるのでしょうか？　ＪＲ東海は先ほどから『住民のご理解を得たい』というが、私は理解しません」

別の女性からは、「工事の対象地区が何丁目何番地かはいつわかるのか。準備書だけではわからない」との声も上がった。

こうした切実な声にＪＲ東海はこう回答した。

「地域の方たちに十分に説明したうえで工事に入りたいと思っているので、『工事説明会』を開催します。準備書で示したルートの中心線も、実際の測量で一〇メートル単位でずれる可能性があります。国から工事の認可を受けて、工事説明会のあと、設計協議と測量をします。その測量で、正確な何丁目何番地かがわかります」

具体的に出されたはずの中間駅の位置にしても、まだ一〇メートル単位では具体的に決まっていないということだが、説明会に臨んだ住民が落胆したのは、それまで「準備書で具体的にお示しします」と明言していたＪＲ東海が、今度は「工事説明会で具体的にお話しします」と言葉を変えたことだ。

方法書が出てから二年間、常に明言していた「準備書でお示しします」との言葉は何だったのか。しかも工事説明会とは、リニア計画が国土交通省から正式に認可をされたあとの手続きだから、そのときにやっと具体的事業内容を知った住民が騒いでも動き出した工事はもう止まらない。

説明会では、ほかにも、「リニアが地下を通ることでの不動産価値の下落についても調べていない」「水源枯渇に対する具体的な防止対策も事後対策も示されていない」「二酸化炭素の排出量を東海道新幹線との比較ではなく、なぜ飛行機と比べるのか」といった、質問というよりも、住民生活への影響に真摯に対応していないことへの不満の声が上がっていた。

相模原、川崎の説明会で、ＪＲ東海は約三〇分だけ延長はしたが、まだ質問の手が多く挙がっていても、司会者は「まことに恐縮ではございますが、あとお一人の質問で終了とさせていただきます」と閉会の準備に入った。

会場からは当然「延長して！」の声が上がっていた。そして「私はこんなの絶対に『ご理解』できない」「具体的なことが何もわからない」「結局、私は立ち退くのかどうかすらもわからない」といった絶望にも近い声があちこちの席から聞かれた。

この準備書説明会は、ＪＲ東海と地域住民とが直接対峙できる最後の機会だ。納得できるまで話し合いたい。その切実な思いが軽視された象徴ともいうべきが長野県大鹿村での説明会だった。

二〇一三年一〇月一四日。大鹿村交流センター。

会場は百数十人の住民で埋まり、住民は、一日最大一七三六台もの残土運搬車の走行で子どもの通学が心配なこと、南アルプスや地域の沢や湧水が枯渇しないかを真剣にＪＲ東海に質問した。ダンプカーの往来で観光客の激減を心配する旅館経営者もいた。

ところが、やはり、三〇分延長というのが既定路線なのか、まだ質問の手が数多く挙がっているのに、三〇分だけの延長後、ＪＲ東海は説明会を打ち切った。

――えー、たいへん恐縮ではございますが、大幅に時間を過ぎております。時間の都合上、質疑の応答をこれで終了させていただきます。

会場から声が上がる。

「最後までやってよ、最後まで！」

「手を挙げています！」

「お願いします！」

――その他お問い合わせにつきましては当社の環境保全事務所までお願いいたします。よろしくお願いいたします。

「重大な問題なんだから、まだ手を挙げている人がいるんだからやりなさい！」

――本事業の推進にあたっては、関係機関との協力のもと、環境保全にも十分配慮して取り組んでまいります。引き続き、皆様のご協力のほどよろしくお願いいたします。これをもちまして、本日の説明会を終了させていただきます。

同時に、住民の前に座っていたJR東海の幹部社員たちがいっせいに起立し一礼すると、資料を抱えて、近くの出入り口に消えた。

「よろしくお願いしますじゃないよ」

「終了するな！」

「一方的だぞ！」

「ふざけるな！」

「延長！」

――ありがとうございました。会場からは速やかにご退出いただきますようお願いいたします。

「納得できません！」

「こんなの説明じゃないよ！」

まだ、五、六人ほどのＪＲ東海の社員は残っている。住民たちは社員たちに駆け寄った。村で「リニアを考える新聞」を発行する山根沙姫もいた。

「なぜ時間延長できないんですか。（延長したいと）村長に言えばいいではないですか。ここ（村の施設）をもうちょっと貸してくださいって」

——時間を二時間ということでいただいております。

「住民が延長してと望んでいるじゃないですか」

——申し訳ございませんが、今日はこれで説明会を終了させていただいて、ご意見がございましたら環境保全事務所にご連絡いただければと。

「この説明会では何も得られなかったんですけど。じゃ、何をもって理解されたというんですか？　村長が『いいですよ』と言ったら、それで理解されたというんですか？」

——わかりません。

「だから、わかる方をここに出してください。最後は私を納得させるまで話をさせてください」

——申し訳ないのですけれども、時間が決まっておりまして……。

「それは誰が決めた時間ですか？」

——会社です。

「会社ですよね。私たちは納得できないので、最後まで納得できるまで話をしてくださいってお願いしているんです」

――環境保全事務所で受け付けをさせていただいております。

「ひどいと思いません？　私たち、ここに住んでいて必死なんです。真剣にやっているんです。だから最後まで納得できるまでお話がしたいと言っているだけなんです。なぜそれが通じないんです？　なぜわからないんです？　なぜ答えられない方がここにいるんですか？」

――環境保全事務所にご連絡をいただければ、そのときにご丁寧に……。

「こういう扱いを受けて『丁寧』と言われても全然説得力がないです。事業者として、沿線住民とかみんなに歓迎されるものを造りたいと思わないんですか？　これだけ反対をされているなかで？」

――わからない点は環境保全事務所にまでご連絡をいただければと。また、事業説明会や工事説明会が開催されますので。

「私たちははっきりと反対します」

こういった住民軽視のはてのリニア着工は、ＪＲ東海の汚点になる。住民と向かわずしての『ご理解』はない。

▼自治体も懸念。長野県大鹿村と中川村

「準備書」が縦覧されてから新たな動きが起こった。

準備書でわずかにでも示された具体的予測について、各地の自治体が「こういう計画だったのか」

と初めて危機感を抱いたのだ。

東京都から大阪府までの都府県（静岡県は除く）は「リニア中央新幹線建設促進期成同盟会」の一員としてリニア建設を推進してきた。さらに都府県内の市町村も下部組織として都府県の動きに同調してきた。リニアは通過しなくても、リニア中間駅からの自動車道を整備することでの基本計画を描く自治体は少なくない。しかし準備書の公開以後、「このままでは自分の首を絞める」と気づいたケースがある。

私がそれを実感したのは、上記、大鹿村での説明会である。説明会の質疑応答で、最初に質問の手を挙げたのは大鹿村の長尾勝副村長だった。村民には、沢水や湧水を生活用水に利用する人が少なくない。水資源についての質問だった。

「地下水や水資源への影響について住民が納得できる説明をしてほしい。大鹿村は破砕帯（岩盤の中で岩が細かく砕け、その隙間に地下水を大量に含んだ軟弱な地層）ばかり。予測範囲すべてで井戸や水資源の調査を実施してほしい。その際、調査には所有者や村を立ち会わせてほしい。そして全線湧水の枯渇を防止する工法で施工していただきたい」

これは相当にハードルの高い注文だ。ＪＲ東海はこう回答するにとどまった。

「トンネルが通過する部分は風化の影響が及んでいない深いところ。周辺の地下水に部分的に影響あるが、全体的な影響は小さいです。破砕帯においては先進ボーリングなどで地質の状況をしっかり把握し、止水工法などの補助工法を組み合わせて、安全かつ地下水の流入を抑える形で工事を進めたい。

事後調査は基本的には予測検討範囲内だが、具体的な位置や頻度は実際の状況を見ながら判断します」

次に、憤りを隠さずに質問に立ったのが、大鹿村に隣接する中川村の曽我逸郎村長だ。中川村にリニアは通らないので、住民説明会もなければ、それ以前に準備書の送付もなかった。ところが、大鹿村から出る一日最大一七三六台の工事用車両は中川村を通るのだ。

「中川村では調査なしで、やった者勝ちでよいと考えたのでしょうか。騒音予測も騒音基準七〇デシベルぎりぎりの六九デシベルだから基準値以下だとのお話ですが、中川村では、本当に静かな素晴らしい環境の中で住民が暮らしています。静かな環境で暮らす住民に、一〇年以上にわたり朝から夕方までガーガー騒がしいことが、環境基準内だからオーケーというのはいかがなものか。事後調査をして、万が一想定外のことが起こった場合には、どのような対応をされるのか。工事期間中に継続的、定期的に調査をして、万が一、住民の求める基準を超えてしまった場合には、それが改善されるまで工事を止めることも約束願えるでしょうか」

この発言に会場からいっせいに拍手が湧いた。JR東海は、「もし何か起きたときは、地元の方の生活の確保を第一に取り組んでいくくし、工事との因果関係があれば、すぐ対応させていただきます。できるだけ環境への影響を回避・低減する。たとえば工事用車両の走行であれば、低速で、数珠つなぎにならないように間隔を空けて運行させる対策をとります」と答えたのだが、一七三六台が数珠つなぎにならないなどありえるのか？

私は二〇一四年一月下旬、曽我村長に電話でその後のことを尋ねてみた。

「このまま着工されても村にはデメリットしかありません。騒々しくなる生活、騒音と振動、土ぼこりが一〇年以上も続くんです。もし工事をするならするで、国の環境基準ではなくて、村が求める基準、ローカルルールに則って騒音や振動対策、排ガス対策をして、それをインターネットでつないでリアルタイムで数値が見られるようにしてほしい。その数値を超えたら即工事を中止してほしいです。ですが、JR東海は中川村で住民説明会をしてくれません。実は大鹿村での説明会のあと、JR東海の社員は何度か非公式に来庁しています。残土を運ぶには道路の改修などで測量や地権者への説得が必要になるので、『道路整備の協力を』と依頼してきているんです。村としては、こちらが求める説明会の開催には応じずして、依頼だけをする姿勢は受け入れがたい。私は今後も説明会の開催を訴えていきます」

リニアが通過しなくても、たとえば水資源への影響がありそうな市町村を、JR東海は「関係市町村」として準備書の送付や説明会の開催を行なっているが、一日一七三六台ものダンプカーが通る中川村はその対象外とされたのだ。

「私たちの『説明会の開催を』の訴えに、JR東海は『関係市町村ではない自治体で、中川村だけ特例にはできない』『住民の納得できるローカルルールの設定は考えていない』と答えるだけで、まったく誠意を感じません。このままの着工があっていいはずがない」（曽我村長）

関係市町村でない場合、本来は、リニア計画について、長野県に意見書を提出する必要はない。だが長野県は「関係あり」として中川村からの意見書を求めた。これは誠意ある対応だ。中川村は県への意見書で、ローカルルールに則った環境モニターのリアルタイムの報告と、基準を超えた場合の車両通行中止を訴えた。

大鹿村も中川村も「日本で最も美しい村連合」の一員だ。南アルプス、温泉、紅葉、田園。その美しい自然に観光客も多いのだが、このまま工事が進めば、観光客の激減が目に見えるようだ。

中川村は、JR東海が募集した準備書へのパブコメにも意見を送っている。その一部を抜粋する。


説明会では、「国の基準に照らして、影響は小さいと予測する」との判断が繰り返された。しかし、一日八時間に一七〇〇台が通行するなら、一分に三・五台、一七秒ごとに一台が通過することになる。静かで自然の溢れた中川村、大鹿村の暮らしの中を、これだけのダンプカーを中心とする車両が走るのである。しかも一〇年と言えば、保育園の子供が中学を卒業するまでの長い期間だ。本来自然豊かな中で最も情操が育まれるべき時期が工事で台無しにされる。子供のみならず、観光や通院、通学、通勤等への悪影響も甚大である。

国が一律に定めた基準を押し付けるのではなく、住民との協議によって住民が合意できるローカル・ルールの基準を定めるべきである。

また「事後調査を実施します」との説明も何度かあった。事後調査ではなく、工事期間中に繰り返し環境影響度の確認を行うべきである。住民が合意した基準を上回る数値が出たら、直ちに工事を中止し、原因や対応について住民に説明し、住民の納得を得て、しかるべき対応がなされた後に工事を再開すべきである。説明会においては、「工事との因果関係が明確になった場合には工事を中断する」との発言があったが、因果関係が判明するまで基準値を超えた工事を継続することは許されない。基準値を超えた数値が観測されれば、すぐさま工事はストップされるべきである。

▼長野県南木曽町の懸念

リニアは二八六キロのうち八六％がトンネルのため、五～一〇キロおきに排気口でもあり避難口でもある直径三〇～四〇メートルもある非常口を建設するが、ここからは膨大な建設残土が排出される。ところが南木曽町では、これがわずか二キロの距離に二ヵ所造られ、この二ヵ所に隣接する蘭《あららぎ》と広瀬の二つの集落では一日最大で六九〇台のダンプカーが走ることになる。

この予測に対し、二〇一四年一月一〇日、町は「非常口が二ヵ所ならば計画は受け入れがたい。一ヵ所にして走行台数も減らすべきだ」との意見書を長野県に提出した。

私は南木曽町に電話をして提出の理由を尋ねた。

「計画のままでは住民の生活と環境に影響が出ます。町でも独自に公聴会を開催し、住民の意見を直接聴取しました。その結果、相当に強い不安を住民が抱いていることを受け止め、長野県に意見書を提出したわけです」（総合政策課職員）

南木曽町には、江戸の風情をいまも残し、外国人も多い観光地でもある妻籠宿がある。観光への影響もありますか、と尋ねると、職員は「あります」と断言した。

「一日に六九〇台ものダンプに走られたら、駅から妻籠宿までの道が渋滞し、タクシーも走行が難しくなります。タクシー運転手の中には、収入の減少を心配する人も多いようです」

とはいえ、南木曽町は二〇一三年三月に議決した「第9次南木曽町総合計画・基本計画」において、「当町から自動車で一時間圏内にリニア中間駅が二駅（飯田市・中津川市）と車両基地が中津川市に建設されます。その利便の良さを活かした観光や交流事業、産業振興・雇用の拡大、定住・移住に繋がる地域の活性化施策の検討を県や市町村と連携を図る中で推進します」と述べているように、リニアには一定の町づくりの役割を期待している。だから、真正面からリニアに反対をしているわけではない。

山梨県上野原市にあるリニア非常口（横坑）。ここから膨大な残土が排出され、かつ、トンネルからの異常出水も汲み出している。

だが、準備書を見て、このままでは町づくりどころか生活の破壊が起こると認識するにいたっている。

実は二〇一二年にその前兆はあった。ＪＲ東海はリニア計画での経済活性を強調するが、二〇一二年、町には逆のことを行なった。特急停車駅にもかかわらず、中央本線南木曽駅の無人化を町に通知したのだ。南木曽駅だけではない。飯田線でも一二の有人駅のうち九駅に無人化を通知した。リニア開発という大事業の陰で、経費削減のためローカル駅の無人化を進めている。無人化になると、高齢者や外国人への案内もできず、電車を降りた客への簡単な地理案内もできなくなる。

南木曽町は即座に、ＪＲ東海に対して無人化の撤回を要求した。だが覆らなかった。職員は残念そうに語った。

「ＪＲは半公共的な会社です。なのに、私たちの無人化撤回の要求は通りませんでした。仕方ありません。南木曽駅にはいま、町の予算数百万円を回し駅員を配置しています」

▼岐阜県可児《かに》市

ここではリニアはわずか一・二キロだけ地上に顔を出す。ところが、そこは日本の陶芸の聖地ともいえる久々利大萱《くくりおおがや》地区。実に四〇〇年間も陶芸の里として変わらぬ姿を現代に残す里山である。古い窯の跡も数多い。

里山が破壊されるとの懸念が広がった。だが、ＪＲ東海の評価はやはり「影響は小さいと予測する」。可児市は「この区間も地下走行に変更を」との意見書をＪＲ東海と県の両方に提出した。

市の担当職員に電話をしてみた。
「リニアに反対はしません。でも文化遺産である里山の山を切り崩し、騒音や振動が起こり、リニアが一時間に一〇本も走行する景観は大萱とは相いれません。どうしても地下走行にしていただかないと」（総合政策課職員）
しかしJR東海は、「環境への影響を低減する」と回答しただけで、具体的な施策を明かさない。打つ手はないのか？
「いまはありません。こちらも県に意見書を上げたので、あとは三月二五日に知事がどういう意見書を出すかを見守るしかありません」（職員）
準備書に対して、一都六県の知事たちがJR東海に意見書を提出する期限は二〇一四年三月二五日。それまでの間、自治体として何もできない歯がゆさを職員は覚えていた。

▼静岡県七市二町の水源がなくなる？

「準備書」の公開は、それまで「当自治体はリニアとは関係なし」と思っていた市町村にも衝撃を与えた。静岡県では、リニアは県最北部の南アルプスをわずか一一キロ通過するだけで、住民もおらず、リニア中間駅も建設されないので、これまで関心の対象外だった。だが、準備書の公開で静岡県には危機感が生まれた。

二〇一三年一〇月、静岡県の太平洋に面した牧之原市の西原茂樹市長は、準備書の内容を知り驚愕した。

リニアは、南アルプスのトンネル掘削工事などで水脈を断ち切ることで、大井川の流量が毎秒最大二トン減ると明記されていたのだ。

毎秒二トン。これは、牧之原市も含めた近隣七市（藤枝、焼津、島田、掛川、菊川、御前崎）六三万人が有する水利権量と同じ量だ。「しかも」と西原市長は続ける。

「当市は大井川だけが水源のすべてです。豊水期なら毎秒二トンの減量でも大丈夫と思いますが、渇水期では、生活用水、農工業用水がどうなるのか予測もつきません」

西原市長が準備書の内容を、公開から一ヵ月も遅れて知ったのは、長野県中川村と同じように、JR東海が、南アルプスから遠く離れた太平洋の街、牧之原市などを「関係自治体」ではないとして準備書を送付していないからだ。西原市長が準備書の内容を知ったのは関係者に教えられてのことである。

水が枯れる！　その危機意識から、上記七市と二町（吉田町、川根本町）は連絡を取り合いすぐに動いた。

まず、二〇一三年一一月上旬、JR東海に「大井川の流量維持を求める」との意見書を提出し、二〇一四年一月七日には、田辺信宏静岡市長（南アルプスの行政区は静岡市）と県くらし・環境部に「水の保全の徹底をJR東海に求める」との要望書を手渡した。

二週間後の一月二一日、広く県民からリニアに対する意見を聴取するために、くらし・環境部が「リニア公聴会」を開催した。一三人の公述人は大半がリニア計画に反対や懸念を示したが、西原市長もその一人として登壇した。

「戦後、電力会社のダムが大井川にいくつもできて、川は『河原砂漠』となりました。だが粘り強い住民運動で、田代ダムでやっと『毎秒〇・四三トン』を本流に戻せたのです。しかし今回一気に毎秒二トンも減る。これがいかに大きいかです。また、はたして二トンだけですむのかの根拠も示されていません。というのは、毎秒二トンの計算根拠も示されていないのです。JR東海には真摯な回答を願います」

牧之原市の隣には浜岡原発を擁する御前崎市がある。その位置関係にありながら、牧之原市は、市議会が「浜岡原発永久停止を求める決議」を可決した脱原発の街である。

「私は市議会議員にこう尋ねられたことがあります。『リニアは原発の再稼働とセットだから、市長はどうするのか?』と。再稼働とセットなら認めないと言いました。そういう問題についても重要な議論が必要です。もしJR東海から我々が納得できない回答が来たら、大井川下流域のみなさんの署名をとってでも、住民の皆さんの要望を伝えていきたい」

この堂々たる訴えに触発され、私は三月下旬に西原市長を取材した。西原市長はリニアに「反対」という言葉こそ使わないが、大井川の流量減少が食い止められるのかを疑問視していた。

「恥ずかしながら、この問題に気づいたのは昨年です。それまでは、リニアができれば、東海道新幹線の本数が減るので、ダイヤに余裕ができ、（牧之原市が管轄する）富士山静岡空港の近くに東海道新幹線の新駅ができるぞと考えるだけでした。でも、準備書を見てから調べると、リニアの候補ルートは、（南アルプスを迂回する）A案とB案、（貫通する）C案があったのですが、三年前にそれを教えてもらっていたら、我々は『C案で水が減るのは困る』と言えた。これほど重要なことが知らされなかったのです。JR東海は、毎秒二トン減っても、減った分を本流に戻すと言いますが、そんな方法がはたして可能なのか、一つお手並み拝見といきたいものです」

西原市長らの懸念は無理もない。水枯れはすでに山梨実験線の周辺で起こっているからだ。水枯れに対してJR東海は補償（代替水の供給など）は行なっている。だが、その期間は三〇年間のみ。これが関係自治体には冗談ではない。三一年目に水が戻るはずがないからだ。

また、西原市長が元・水関連の土木技術者であることから、「私なら、失った水をまた川に戻すなんてできない」と断言する。

だが、「毎秒最大二トンの減少」について、準備書にはこう書かれていた。

「影響は小さいと予測する」

七市の一つ、菊川市の水道課職員はこれを読んで憤った。「冗談ではない。改めてほしい」と。

この自治体の懸念に協調するかのように動き出したのが自民党静岡市議団だ。市議団は二〇一三年一一月、工事予定地となる南アルブスを視察し、近隣の住民からも意見聴取を行なった。その結果、一二月二四日に「南アルブスの保全が図れない工事計画なら認めることができない」とする提言書を田辺市長に提出した。

さらに自民党の動きに引っ張られ、二〇一四年二月一二日、静岡市議会は全会一致で「環境保全が絶対条件」を盛り込んだ「リニア中央新幹線建設事業に関する決議」を出した。議会が全会一致でリニアへの懸念を表明したのは全国初のことだ。

言わずと知れず、自民党は、リニア計画推進勢力の一つだ。リニアの走行実験が始まった翌年の一九七八年には「リニア中央新幹線建設促進議員連盟」を発足。リニア建設を容易にする「大深度法」（おおむね地下四〇メートル以深の地下利用に、地主との交渉も補償も不要とした法律。二〇〇一年施行）も自民党の議員立法だ。その経緯から見れば、市議団に中央からのお咎めはなかったのか。

「一切ありません」

繁田和三《かずみ》自民党静岡市議団幹事長はきっぱりと答えた。そして、私の前のお茶に日をやりながら話す。

「お茶、おいしいでしょう。大井川が作る霧やモヤがいい茶葉を作る。でも、毎秒二トンも減ると霧もモヤもなくなります。お茶産業だけでも大問題。生活用水も農工業用水も減るとあっては、『工事ありき』の準備書に地方を預かる議員として物申さないわけにはいかないと考えました。我々もリニアには反対ではありません。だが、このままの着工には深い懸念をもたざるをえないのです」

▼悩ましき南アルプスの残土

県ではもう一つの問題も指摘されている。トンネル工事で発生する三六〇万立方メートルという東京ドームの三杯分以上もある建設残土を、大井川の源流部の河原に六ヵ所と標高二〇〇〇メートルの稜線「扇沢」に積み上げることだ。

「そこに残土を！」と驚いたのが、南アルプスを世界自然遺産にしようと活動する、三県（静岡、長野、山梨）一〇市町村で構成する「南アルプス世界自然遺産登録推進協議会」だ。

準備書が出たのと同じ二〇一三年九月、南アルプスは、世界遺産の前段階の「ユネスコエコパーク」（人と自然とが共生する地域）として国内推薦を受けた。順調にいけば二〇一四年六月に本登録がされる矢先に突き付けられた残土問題。

協議会の窓口、静岡市清流の都創造課に尋ねてみた。

「準備書で残土置き場を知ったときは、『え、ここなの？』と驚きました。まずは客観的判断をと、協議会に設置する『南アルプス総合学術検討委員会』と『ユネスコエコパーク登録検討委員会』の二つに諮り、意見書を作成してもらいました。その意見書が協議会の意見とみてもらってかまいません。二委員会の意見書は県にも提出しました」

さっそく、両委員会の意見書をインターネットで見てみると、そこには強い懸念が表れていた。

「南アルプス総合学術検討委員会」の意見書は以下の概要だ。

「残土は確実に植生を壊す。標高二〇〇〇メートルでの残土置き場は山体崩壊をまねく恐れがある。自然の復元を現地性の植物で復元することを強く要望する」

準備書は、リニア工事が影響する水資源、生態系、騒音、振動等のいずれにも「環境への影響は小

標高2000メートルの稜線に本当に残土を置くのか？　残土自体の崩壊とその重みでの山体の崩壊が不安視されている（写真撮影・狩野謙一氏）。

さい」と評価づけている。だが意見書は「その評価はきわめて疑問」と断定したのだ。佐藤博明委員長（静岡大学名誉教授）はこう語った。

「意見書で私たちの強い懸念を表明しました。だがその文脈を見れば、私たちの意思は、懸念よりも強い『リニア反対』だと判ります。自然の復元だって本当にやろうと思えば、リニア計画の中止も選択肢になるほど難しい。しかし、ＪＲ東海は文脈を読み取る気もなかったようです。準備書では、環境保全措置の方法の具体的記述がまったくないのです」

だいぶあとのことになるが、二〇一四年五月一四日と一五日にかけて、私は、静岡県の市民団体「リニア新幹線を考える静岡県民ネットワーク」の現地調査に参加し、大井川上流部に予定されている残土捨て場六ヵ所を、登山道を車で移動しながら視察した。ＪＲ東海の説明によれば、六ヵ所はかつて資材置き場、宿舎、建設残土処理地などに利用されたという、すでに改変された土地。だから、残土置き場には適しているのだと。

確かに、私たちが訪れた場所には、明らかに人工的にならした平坦な土地もあった。だが、多くは、以前に改変されてから数十年も経っているので、景観的には元の自然に戻っている。とくに驚いたのが、六ヵ所のうちもっとも北に位置する燕沢《つばくろさわ》と呼ばれる場所だ。ここで車を降りた参加者たちは、一様に「ええ、ここに!」と声を上げた。

野球場が五つも六つも入るくらいに広い河原(大井川を挟んで、幅一〇〇メートル、長さ一キロくらい)。川面との高低差はほとんどない。かつては、コンクリートプラントを設置したことがあるその場所は、二〇年も経った今はすっかり自然の河原そのものだ。

しかも、登山道の反対側には砂防ダムが築かれているが、数日前にも発生した落石による岩が砂防ダムを乗り越えて道路にごろごろ転がっていた。ここは土石流の多発地帯なのだ。

「ここに本当に残土を積むのか!」

「雨で残土が泥になって川に流れるぞ、こりゃ」

「本当にここがエコパーク登録されるのか?」

さらにこの視察で私たちはある疑念を抱いた。リニア建設工事はまだ認可前だから行なわれていない。だが、実質的にはもう始まっているのではと。

五月一五日、私たちは、もっとも北に建設される非常口予定地を目指して大井川沿いを歩いた。ところが、どう見ても、そこは最近できたばかりとしか思えない、トラック通行も可能なきれいな砂利道だった。

まず覚えておくべきは、静岡県の南アルプスは、一部の国定公園を除いては、すべて特種東海製紙という一民間企業の社有地であり、その管理を任されているのが㈱東海フォレストという会社である。

だから、その作業用道路も会社のものだが、私たちの覚えた違和感は、その道が準備書で示された作業用道路とまったく同じコースであることだ。しかも新しい。

長野県大鹿村から参加した学芸員の河本和郎（前出）は準備書の地図を見ながら断言した。

「もし、非常口の位置で道路が終わっていたら、明らかにリニア工事のための道路ですね」

はたしてそのとおりだった。この新しい道路は非常口の予定地でピタリと終わっていた。

非常口予定地の手前の工作物許可標識によると、工事の許可受者は特種東海製紙。だが、ＪＲ東海の計画と同

残土を置くことで川の汚濁が心配される燕沢。

じルートで同じ終着点で終わっている大型車両も通れる道路……。これは何を意味するのだろうか。

ちょうどこのころ、南アルプスがエコパーク登録されそうだとの情報も入ってきていた。これを佐藤委員長に問い合わせると「おそらく登録されることでしょう。ただし、エコパークは一〇年ごとに見直し作業があります。今から一〇年後は南アルプスのあちこちに残土が積まれている。そんな南アルプスはいつ登録から外されてもおかしくありません」と極めて冷静に答えてくれた（実際、二〇一四年六月に南アルプスはエコパーク登録された）。

検討委員会だけではなく、自民党市議団の提言書も「南アルプスのエコパークとの整合性が図れぬ工事は認められない」と明記しているが、実際にこの目で現場を見ると、あそこに膨大な残土を置くのは一企業の判断だけで決めるべきではないと感じた。

だが、JR東海は言い切っている――「環境への影響は小さいと予測する」

一連の懸念に静岡市の田辺市長は応えた。前記、公聴会の翌日の一月二二日、「川勝平太知事に直接手渡したい」と、県庁で「毎秒二トンの減少は生活や経済活動に影響する。現状の水質と水量の確保を。残土の稜線での処理は回避を。必要であれば計画見直しを」との意見書を提出した。繁田幹事長が「私たちの訴えを盛り込んでくれた」と評価する厳しい内容だった。

さらに、県が設置した県環境影響評価審査会（和田秀樹会長）も三月七日に「残土処理は再検討を。

大井川の減量回避を」との意見書を、市民団体「リニア問題金曜フォーラム」も三月一七日、「計画への反対を」との意見書を知事に提出した。

まさにオール静岡でリニア計画への懸念が表明されたのである。

▼公聴会と審査会

準備書説明会ではどの会場に行っても、住民からは「納得できない。これで着工されるのか」との声を聞いた。

リニア計画が国に認可されるまで、JR東海が自ら設定しない限り、沿線住民への説明会はもうない。だが「諦める必要はない」と、「リニア新幹線を考える東京・神奈川連絡会」の天野捷一共同代表は断言していた。

「三月二五日までに知事はJR東海に意見書を出しますが、意見書を出すのに必要なのは、都県下にあるリニア沿線自治体からの意見書と、都県に常設する『環境影響評価審査会』からの答申です。これら自治体も審査会も、どちらも住民の意見を無視できません」

公聴会は一都六県で開催され、長野県の公聴会では一五人の公述人のうち八人が大鹿村の住民だった。枯渇するかもしれない川や沢、一日一七三六台もの大型車両の通過で子どもが危険にさらされることや洗濯物も干せなくなること、観光客が減ること、希少種の鳥がいなくなること、誰もが真剣に公述を行なった。

天野自身も二〇一四年一月一二日、川崎市で開催された県の公聴会に公述人として登壇した。

主催者である神奈川県環境農政局環境部環境計画課環境影響評価審査グループの職員たちの前で、天野は用意していた新聞紙大の写真を見せながら七分間の公述を始めた。

「左の写真は長野県の諏訪湖です。リニア工事で出る五六八〇万立方メートルの建設発生土はこの諏訪湖を埋め立てるに相当する膨大な量です。ＪＲ東海が出した実験線延伸工事の環境影響評価配慮書には『トンネル工事等に伴い、地下水位への影響が考えられるが、防水上の施行等の適切な対策により地下水への影響を回避することから周辺への影響は小さいと考えられる』と表記されています。しかし工事が始まると、集落の井戸水が枯渇する事態が各所で起きました。準備書でも『地下水への影響を回避することから周辺への影響は小さい』との表現ばかりですから、信頼に欠けるものと言わざるをえません。

東京・名古屋間のリニア建設費は五兆四三〇〇億円。これはＪＲ東海の年間の純利益の二〇倍以上に相当します。このような巨大事業は、たとえば、ＪＲ東日本とＪＲ東海が協力して中央本線と飯田線をつないで在来型新幹線を走らせれば、諏訪湖を埋めるような建設発生土を出さずにすむ。はるかに少ない建設費で東海道新幹線のバイパスとしての鉄道を造れますし、名古屋以西までそのまま行けるではありませんか。建設コストがべらぼうに高いうえ、大電力を使い電磁波をまき散らすリニアのどこが最新技術ですか。脱原発、省エネ、少子高齢化、就業人口の減少というこれからの社会にリニアは不必要です」

また、矢沢（前出）も同じ公聴会で、「リニア大阪開通予定の二〇四五年の人口予測は八〇〇〇万人。控え目に見積もっても現在の収益の一五％増の想定は甘すぎる。山田社長は昨年秋に『リニアができてもペイしない』と明言している。採算性に問題があり、国費投入が確実なリニア計画は第三者機関で再検討し、国会や国民が議論を尽くすべきです」と、その採算性に疑問を呈した。

相模原市の男性は、「道志川水源地は横浜市の水道水の一割を供給している。そこに直径一三メートル、長さ一二キロのトンネルを掘れば、水位の低下や水質悪化は免れない。第二の水源である串川上流も車両基地で三〇〇万立方メートルもの土砂を掘れば水質の悪化は避けられない」と水資源の枯渇への懸念を訴えた。

県の公聴会は翌日も相模原市で開催され、さらには川崎市主催の公聴会も一月一八日と一九日に開催され、四回の公聴会で四一人が公述を行なった。意見のほとんどすべては計画への懸念や反対だった。

県の二つの公聴会の公述記録はそのまま書き起こされ、県の環境影響評価審査会に送られた。

審査会は、県内の公共事業の妥当性を論議する県の常設組織だ。約二〇人の有識者で構成されている。他の都県にも設置されている。

審査会がリニアの審査を始めたのは二〇一三年一〇月からだが、審査会の会場には神奈川県の職員とJR東海の社員が同席する。月に一度の審査会を、私はほぼ毎回傍聴したが、当初から、審査会の委員たちの口からは厳しい批判が飛び出していた。

簡単に書けば、「これだけ具体的記述のない準備書では審査のしようがない」ということである。とくに一二月二五日、審査会の益永茂樹会長（横浜国立大学大学院環境情報研究院・教授）から飛び出した言葉に、ＪＲ東海の社員たちは無言で下を向いた。

「あまりいいかげんなことを言うと、信頼を失いますよ」

相模原市の山間部である鳥屋地区には五〇ヘクタールもの面積を使ってリニア車両基地が造成される。この車両基地からは、どういった水質の排水が排出されるのか？　これを審査会は前もって質問していたのだが、ＪＲ東海は具体的な回答を避けていた。

そしてこの日、以下のやり取りがあったのだ。

〈益永〉「水質について具体的に回答を出していない。回答では『河川ではなく下水道も利用して排水する可能性も視野に入れたうえで、引き続き関係機関と調整を行なうこととしています』と書いているが、この『関係機関』とはどこのことですか？」

〈ＪＲ東海〉「行政機関になるとは思いますが……」

〈益永〉「（車両基地の管轄地である行政機関の）相模原市は現在も、将来的にも当該地に下水道を整備する計画はないと言っていますが」

〈ＪＲ東海〉「そのへんも調整を……」

〈益永〉「あまりいいかげんなことを言うと、信頼を失いますよ」

その場しのぎの回答を益永会長は強く批判したのだ。この日は、これだけではない。各委員からも批判が噴出した。審査会の始まりは、準備書に対して送られた全国からの約一万四〇〇〇通の意見書の概要と、それに対する見解をJR東海が述べることから始まった。

「新幹線の三倍もの消費電力は原発を電源とするのではないのか」「地下水が枯渇する」「磁界からの影響が不安だ」「景観が損なわれる」「手続きに不備がある」「この地震国で断層を横切る路線の建設は犯罪的」

これらの意見を紹介したあと、JR東海は、「東電、中部電力、関西電力の全消費電力からすればリニアの消費電力はごく少ない」「水対策は地元に説明し、監視もし、対策も行なう」「リニアの電磁波はペースメーカーでも安心」「景観への影響はない」「手続きは方法書のときよりもきめ細かくやった」「活断層はできるだけ短い距離で通過する」といった内容を、聞き取れないほどの早口で説明した。

説明が終わると、まず山本佳世子委員が、「意見の中には、『意見を述べる機会が少ない』『(説明会で)質問回数が制限されている』といったネガティブな意見が多い。市民が意見を述べる場が少ないという意見もある。これにどう対応するのか?」と市民の不安を代弁した。

JR東海は、いつものように「環境保全事務所に電話か訪問してもらえれば不安を払拭したい」と回答した。

すかさず、宮沢廣幸委員が返した。

「加えて、市民の声で『事業内容が具体的ではなく評価できない』との意見があるが、この審査会でもそうだ。ベースがそうであるなら、何回やっても同じこと。先ほどの説明だって、あれだけ早口で喋られては理解できない。皆さんはとにかく手続きを進めればいいとだけ思ってこの場にいるのか？」

片谷教孝委員も、「見解の内容は一般論としてはアリだが、住民の意見に応えているレベルにはない」と批判した。

委員たちがもっとも気にしたのが、たとえば「あなたは立ち退く」「あなたは立ち退かない」といった、住民への事前情報があまりにも少ないことだった。

審査会は「事業者（ＪＲ東海）は、工事の認可前であることから具体的な情報を提示できないという説明をしているが、他の事業では許認可前でもアセスは行なわれており、その説明は成り立たない。具体的なものを出せないという回答はアセスの精神に反している」と投げたが、ＪＲ東海の回答は「いま情報を出して、工事認可後の用地取得や設計等を行なうなかで、計画に変更が起これば混乱をきたすので情報は出さない」といった理解しがたいものだった。

片谷委員が嚙みついた。

「認可前だから情報提供できない、はおかしい。認可前でも準備はしているのだから、すべての情報を出すべき。これだけの事業規模はほかに例がない。このアセスは今後一〇年というスパンで他の事業の見本になるべき。しかし、このまま情報を出さないのなら、アセスの進歩をリニアが後退させてしまう。それを大企業がやってもいいのか。再度検討を求める」

ここでも、JR東海の社員は下を向いたまま無言を貫いた。

さらに、審査会で焦点となったのは、県内で発生する建設残土一一四〇万立方メートルの処分先だ。JR東海は三割に当たる三六〇万立方メートルは車両基地の造成で再利用すると表明している。つまり、残り七割の七八〇万立方メートルは、どこにもっていくのかが未定。

当然、審査会では、再三にわたり、「残り七割の残土をいったいどこにもっていくのか」との質問がJR東海に投げられた。だが、JR東海の回答は、最後まで「神奈川県を窓口にして対処する」という具体案を示さないものだった。

審査会は二〇一四年二月末に知事に上げた答申で、この残土問題に関してはこう述べている。

「具体的な計画がなく、そのため調査・予測・評価が全く記載されていない」

岐阜県の環境影響評価審査会でも厳しい意見が飛んでいた。二〇一三年一〇月二九日。ある委員がウラン鉱床についての質問を展開した。

「ウラン鉱床の問題ですが、JAEA（日本原子力研究開発機構）の一四〇〇本のボーリングの結果を参考にしてウラン鉱床のない部分を通すというご説明だったと思いますが、基本的にJAEA、旧動燃が過去に行なった調査はウラン鉱床がありそうな場所を探してボーリングしていたという認識を私は持っているのですが、今回の場合は、ウラン鉱床がない場所を特定するために、そういった情報が必要だと思います。ですからＪＡＥＡの情報だけで、ウラン鉱床がないという言い方ができるのかどうか」

と質問したうえで、ＪＲ東海が約束を果たさないことを批判した。

「もし掘って、ウランが出てきたらどうするのでしょうか。けっこうたいへんなことになると思います。どういう対応をとるのかを十分検討されている必要があると思います。その点、方法書の段階で『適切な処理をします』とだけ記載されていて、具体的な処理の方法は『準備書で具体的に記載します』というご回答があったはずです。私は非常に興味を持っていたのですが、準備書は方法書とほぼ同じレベルの記述であり、具体的対策について検討されていない。『適切に処理します』としか書いていない」

ＪＲ東海はこう答えた。

「現段階では準備書で示しているものがすべてですので、ご理解いただきたいと思います」

強気である。ＪＲ東海が、知事の意見書を受け取ってからどんな環境影響評価書を書くのかは、この時点ではわからなかったが、少なくともＪＲ東海は準備書で描いた計画をほぼ変更するつもりはないようだった。

二〇一四年一月二九日。長野県の環境影響評価技術委員会でも厳しい意見が飛んだ。大鹿村の釜沢地区で二つの非常口を設けると膨大な残土が発生することについて、委員からは「工期よりも環境を優先すべき」との意見があっても、ＪＲ東海は「二〇二七年開業を目指すことが大前提であり、計画を変える気はない」と回答。

南木曽町からの「二つの非常口は受け入れられない」との意見にも、「非常口二つの計画は変えない」と明言している。

ＪＲ東海がここまで強気な理由の一つは、結局は、知事の意見書がどんな内容であれ、結局は、環境影響評価書を作成できてしまうからではないのだろうか。

二〇一四年一月二二日の静岡県の公聴会の終了後、私は、知事の意見書の叩き台を作る部署でもある、静岡県くらし環境部環境局生活環境課の市川加代子課長に尋ねた。これだけ反対や懸念がある以上、準備書の差し戻しや計画の見直しを意見書に書くことも選択肢としてありえるのかと。

市川課長はこう答えた。

「環境影響評価法の趣旨からいっても、そういう選択肢は難しいです。準備書は、あくまでも環境影響評価書を書くための前段階の報告書です。つまり準備書での疑問や不備を補完するのが環境影響評価審査会の役目であり、その答申を受けて知事が書く意見書でもって、ＪＲ東海はより完璧な評価書を作成するということです。計画を認可するしないは、評価書を審査する国土交通省だけです。私たちではありません」

アセスに詳しい有識者に尋ねると、この説明は「正しい」。結局、住民の不満や意見、質問は、Ｊ

R東海の計画を白紙に戻す方向には動かず、法律的には、評価書を完成させる要素でしかないということだ。ただ少なくとも、それら反対や懸念がこれだけ沸き起こったことには意味があった。簡単にコトを進めなくしている。

川崎市での公聴会のあと、天野はこう語った。

「大切なのは、少数派でもこの計画に懸念を示す僕たちの声を示し続けることです。そうすれば、少しずつでも山は動くと思うんです」

準備書に対して集まったパブコメは約一万四〇〇〇通。その多くがリニアに反対や慎重な意見だ。

これらの声に一都六県の審査会はそれなりに応えた。どの審査会にも共通しているのは、神奈川県の審査会での発言のように、「これだけ少ない情報量では審査のしようがない」という批判である。各審査会の答申は二月下旬から三月中旬にかけて出されたのだが、その概略を、ここでは、三月二五日の朝日新聞朝刊から引用したい。

●**総論**

住民の懸念に対して「適切に処置する」「実行可能な範囲で軽減する」という定型的な見解が多く、真摯に答えようという姿勢が見られない。(長野県)

●**水質**

車両基地からの排水を「下水道の利用も視野に入れる」としているが、地元の市(相模原市)によ

ると、将来も下水道の計画はない。（神奈川県）

●土壌汚染

七地点中六地点で基準超のヒ素などが出たのに、発生残土にシートをかぶせる程度で「汚染を回避できる」とは、影響を予測していないも同然。（東京都）

●磁界

評価に使った国際基準は心臓ペースメーカーへの影響が考慮されておらず、不適切だ。（山梨県）

●景観

社外有識者による検討会で影響を予測したというが、メンバーの名前も検討の経緯もわからず、説明になっていない。（岐阜県）

同じ新聞記事の中では、JR東海の内田吉彦・環境保全統括部長の「現段階で最も詳しいアセスを行い、環境を保全する措置を盛り込んだ。評価できないという方が多いとは思わない」との反論が載った。

そして、三月二〇日から二五日にかけて、これら答申は、知事意見書として反映されるのだ。

愛知県内の路線構造種別（路線延長）と主な施設

地上部	トンネル	駅	変電施設	保守基地	非常口
0km	24.8km	1 箇所	1 箇所	1 箇所	5 箇所

厳しい知事意見書が出ても

計画沿線の一都六県の知事は、リニア計画に厳しい意見書を提出した。だが、JR東海は、その意見を全面的に反映したとはいえない環境影響評価書を国に提出した。

二〇一四年三月二五日。

この日までに、一都六県の知事意見書、そして二四自治体からの意見書が出揃った。厳しい内容だった。以下、新聞記事からいくつかの概要を紹介する。

●山梨県（産経ニュース。三月二〇日）

準備書に対し、山梨県の横内正明知事は二〇日、「主観的な評価で調査不足」などとする意見書を同社に提出した。騒音の影響を観測する地点の追加など、計四一項目の要望を盛り込んだ。

●神奈川県（神奈川新聞。三月二六日）

黒岩祐治知事は二五日、ＪＲ東海の金子慎副社長に対し「騒音、振動、水質、廃棄物などの具体的な資料が示されておらず、十分に環境影響予測を検討していないとの審査会の指摘を真摯に受け止めるようお願いする」と具体的対応を求めた。これに対し金子副社長は「準備書は十分なものを出した。内容をよく検討し、評価書作成に進みたい」と述べるにとどめた。

●長野県（中日新聞。三月二一日）

知事意見は、斜坑数の削減や工事車両の集中緩和のほか、地元自治体などとの環境保全協定の締結、大鹿村の小渋川橋梁のトンネル化、太陽光発電への日照阻害の影響の明示などを盛り込んだ。町内に二つある斜坑を減らすよう求めている南木曽町の宮川正光町長は「県はわれわれの要望を盛り込んでくれた」と知事意見を評価。小渋川に橋を架ける計画に危険性を主張していた大鹿村の柳島貞康村長は「ＪＲは求められた対策を確実にやってもらいたい」と求めた。

●岐阜県（朝日新聞。三月二六日）

大村秀章知事は二五日、工事による大気汚染や騒音、振動など五五項目の知事意見を提出した。トンネル工事で、工事排水の影響はないとする準備書の予測方法や条件が具体的でないとした。希少動物のオオタカへの影響では、餌をとるため活発に動く早朝の時間帯が調査対象から外れていた。電磁波の人体や生態系への影響については、知見が乏しいとして情報収取の継続を求めた。

また第五章では静岡県の動きに力点を置いたが、その静岡県知事意見書は、果たして、静岡市長の「残土処理は再検討を。大井川の減量回避を」との意見書をすべて踏襲した厳しい内容だった。各都県の意見書は予想以上に厳しい内容に満ちていたのだ。

▼評価書

これら知事意見書を受け、JR東海は準備書を修正した評価書を四月二三日に国交省に提出した。私は、まず静岡県の残土処理や大井川保全がどう書かれているかを確認してみた。さすがに標高二〇〇〇メートルの稜線に残土を置くことは撤回し、大井川の流量維持対策も描かれているはずと思ったからだ。だが、知事意見は反映されていなかった。

すなわち、残土処理地はまったく同じ。流量維持の具体策も示されていなかったのだ。

静岡県だけではない。準備書で抱いた懸念が評価書で払しょくされた自治体はほとんどないはずだ。

たとえば、長野県大鹿村では、準備書で、一日最大一七三六台もの工事用車両が通過するため、二〇一三年一一月、危機感を覚えた村は「残土運搬車両の通行は極めて深刻。早急に道路の拡幅改良計画を協議し策定すること」との意見書をJR東海に提出。だが、評価書は、「村の考えも伺いながら代替案についても検討する」という曖昧な記述に留まり、村の不信を募らせている。村長は今「JR東海が道路拡幅などを手掛けないのであれば、とうてい工事を受け入れることができない」と、懸念の度合いをより強くしている。

神奈川県の審査会では、県内で発生する一一四〇万立方メートルもの残土のうち、その七割もの処分方法が決まっていないことが問題視されたが、審査会の答申を受けた神奈川県知事の意見書も、この点で注文を付けた――「残土の、可能な限り再利用の方法や数量について具体的に明らかにすること」

だが、評価書には、「県を窓口にする」とだけ書かれ、その具体的処理方法は描かれていなかった。ゼロ回答である。

以下、他都県・自治体の意見書を数例列記するが、これらもゼロ回答だった

- **「車両基地を設置する地域については、小学校や中学校が存在し、自然公園が周辺にある。ここでの一〇年以上の工事は自然環境への多大な影響を与える。配置される施設や作業内容、列車の走行方法等を明らかにして、騒音の予測・評価を実施し、評価書に記載すること」（神奈川県相模原**

市）

●「動物の重要種、生態系の注目種に対する影響について、鉄道施設の完成後も『生息環境に影響を与えない』としているが、生息環境の分断や縮小など、完成後にも影響が残ると考えられるので、それを踏まえた予測・評価を行うこと」（神奈川県）

●「オオムラサキは、国蝶であるだけでなく、里山の環境指標種として広く知られている。調査範囲でも多く生息が確認されていることから、予測及び評価結果を評価書に記載すること」（長野県）

●「南川及び大柳川（富士川町）に調査を追加し、環境影響の程度を把握し結果を評価書に記載すること。両地域はトンネル近くにあり、下流域の水利用への影響が懸念される地域」（山梨県）

「私の知る限り、最低のアセスです」

こう語るのは公益財団法人・日本自然保護協会保護プロジェクト部の辻村千尋だ。

「JR東海は、二〇二七年開通を遅らせられないとの理由で、自治体が求めるさまざまな調査や手続きを評価書に入れません。典型的なアワスメントです。もしこれがまかり通れば、これ以降のどんな環境破壊型の事業でも認可される悪しき前例となる」

四月二八日。日本自然保護協会は、評価書に対して意見書を提出した（概要）。

「準備書に対し、都県知事は、東京都一〇一項目、神奈川県五一項目、山梨県二八〇項目、静岡県一一八項目、長野県五九項目、岐阜県六七項目、愛知県五五項目の意見を提出した。これら意見に対し、データ追加や具体的対応などの修正はわずかで、ゼロ回答に近い。事業者として責任放棄である。自らが侵そうとする環境破壊への自覚がなく、環境影響評価法を単なる手続きとしか考えていないことの現れであり、本法の考え方を踏みにじる行為として看過できない。評価書の根本的な修正が行われることを求める」

▼環境大臣意見

評価書は出た。だが、環境影響評価法によれば、方法書や準備書のように住民説明会の義務はない。あとはＪＲ東海と国とのやり取りになる。

まず、評価書の提出から四五日以内に、石原伸晃環境大臣が国交省に意見を提出し、評価書の提出から九〇日以内に太田明宏国交大臣がＪＲ東海に意見を提出する。その環境大臣意見書が提出されるのは六月五日の夕刻のことだった。

その直前の一五時半、リニア新幹線沿線住民ネットワークのメンバーは環境省記者クラブで記者会見を行なった。共同代表の天野の言葉は正直だった。

「私たちに味方はいません。都県はリニアの推進役で、私たちの訴えに耳を貸しません。私たちが今頼るべきは環境省しかいないのです」

確かに、各知事は厳しい意見書をＪＲ東海に提出した。だが、それはリニア計画に懸念を示しながらも、反対や見直しを迫るものではなく、「環境破壊はいけない。だが、環境負荷の少ない工事でなら進めるべき」との工事前提の意見であると天野たちは読んでいた。そして、法手続き上、もうJR東海に直接質問を投げることもできない自分たちの状況をもどかしく思っていた。頼るべきは環境省だけだったのだ。

天野は、環境省に「環境保護の立場から、リニア新幹線の早期着工を認めないよう求める要望書」を手渡した。

直後の一六時、別室で、環境省はメディア向けに意見書のブリーフィングを行なった。異例の意見書だった。従来、環境省の意見書は一ページか二ページといった短いものだ。それが今回は一二ページもある。そして冒頭では、はっきりと、リニア計画への強い懸念が表明されていた。

> 本事業は、その事業規模の大きさから、本事業の工事及び供用時に生じる環境影響を、最大限、回避、低減するとしても、なお、相当な環境負荷が生じることは否めない。
>
> 例えば、本事業のほとんどの区間はトンネルで通過することとなっているが、多くの水系を横切ることとなることから、地下水がトンネル湧水として発生し、地下水位の低下、河川流量の減少及び枯渇を招き、ひいては河川の生態系に不可逆的な影響を与える可能性が高い。特に、山梨県から長野県にまたがる地域の一部は、我が国を代表する優れた自然の風景地として南アルプス国立公園に指定されており、また、ユネスコエコパークとしての利用も見込まれること

から、当該地域の自然環境を保全することは我が国の環境行政の使命でもある。

また、本事業の供用時には現時点で約27万kWと試算される大量のエネルギーを必要としているが、現在我が国が、あらゆる政策手段を講じて地球温暖化対策に取り組んでいる状況下、これほどのエネルギー需要が増加することは看過できない。

さらに、住民軽視を戒めている。

本事業は関係する地方公共団体及び住民の理解なしに実施することは不可能である。このため、事業の円滑な実施及び供用に向け、本事業の今後の検討及び実施に当たっては、関係する地方公共団体の意見を十分に勘案し、環境影響評価において重要な住民関与についても十全を期すことが必要である。

そして「各論」においては、大気質、騒音や振動については「適切な環境保全措置」を講じることと明記し、水環境についての予測は「不確実性が高い」以上は、「地下水位の低下並びに河川流量の減少及びこれに伴い生ずる河川の生態系や水生生物への影響は、重大なものとなるおそれがあり、また、事後的な対応措置は困難である」としたうえで、「トンネルにおいては、防水シートや覆工コンクリートの早期かつ適切な施工、必要に応じて防水型トンネルの施工等を行うこと」と記している。

土壌汚染に関しては、「汚染土壌の拡散を未然に防止するため、トンネル工事等に伴う発生土については、自然由来の重金属等による汚染の状況を定期的に調査すること」。

さらに、本書で何度か触れてきた建設残土置き場に関しても、以下のように明記されていた。

「今後、新たに仮置場の設置場所を選定する場合については、自然植生、湿地、希少な動植物の生息地・生育地、まとまった緑地等、動植物の重要な生息地・生育地や自然度の高い区域、土砂の流出があった場合に近傍河川の汚濁のおそれがある区域等を回避すること。また、登山道等のレクリエーション利用の場や施設、住民の生活の場から見えない場所を選定するよう配慮するとともに、設置した際には修景等を行い、自然景観を整備すること」

私はこれを読んだとき、もしJR東海がこれに従えば、南アルプスで予定されている大井川上流部の残土置き場予定地、特に、一番広い燕沢には残土は置けないと思った。なぜならば、燕沢は、「自然度が高く」、「土砂の流出があった場合に近傍河川の汚濁のおそれがあり」、「登山道から見える場所である」からだ。

一方で気になることもあった。

意見書では、猛禽類の保護については具体的に描かれている。たとえば、長野県大鹿村のクマタカ（大鹿村Aペア）には、「基本的にこの区域の環境の改変は避ける必要があり、人の出入りも極力少なくすべきであることから、営巣中心域及びその近傍を回避する又は営巣期における工事を避けることも含め、専門家等の助言を踏まえ、回避、低減、代償の順で環境保全措置を検討し、講じること」といったように、各県での地名や識別名をあげての保全要請が二ページにわたり描かれている。

ところが、残土や水環境、生態系などその他の事案に関しては、どこを守るべきかの地名の特定がない。本書でも書いてきた、岐阜県のウラン鉱床のことも、陶芸の聖地でもある岐阜県大萱地区を壊しかねないリニアの地上走行についても書かれていない。

つまり、後日、国交省がこの意見書を踏襲した意見書をJR東海に出すとしても、具体性がない以上、JR東海が「燕沢は自然度が高くない。かつてセメント施設があったというすでに改変された場所である」と主張すれば、予定どおりに残土を置く。

この具体的対策——たとえば「大井川上流部に残土を置くのは避けるべき」——が明記されていない意見書については、関係者の間で意見が二分している。

佐藤委員長（前出）は「総論は勇ましくても、各論は抽象的。その乖離には目を疑う」と厳しい目を向けている。

一方、環境アセスに詳しいある専門家に尋ねると「総論だけでも、JR東海は無視できないはず。そもそも、一二ページもある意見書は過去最長であり、おそらく国交省との省庁間交渉もしているはずで、国交省は同様の意見書を出すはずだ」と一定の効果を予想している。

当事者である関係自治体でも賛否が分かれている。

神奈川県相模原市の加山俊夫市長は、水資源が重視されたことで「意見は反映された」と納得すれば、長野県大鹿村の柳島村長は、小渋川に橋をかけてリニアを通すのではなく地下走行を求めていたが、具体的対策が明記されていないことに落胆した。同じ長野県の南木曽町では、わずか一キロの距離に二つの非常口が建設されるため、一日最大六九〇台もの大型車両が通行することから「非常口を一つに」と要請していたが、意見書では抽象的に「改変は必要最小限のものとすること」と書かれていることに、宮川正光町長は「JR東海しだいでどうとでもなる」と予想する。

私は、意見書には、少なくとも、関係者一同が危険と評価した、標高二〇〇〇メートルの稜線に残土を積むことには「回避すべき」と書くべきだったと思うし、一日最大一七三六台もの大型車両が通ることで起こる大鹿村の生活阻害に思いを巡らせれば、たとえば、一日「××百台までに抑えること」といった具体的記述があってもよかったのかなとも思う。

さて、上記ブリーフィングが行なわれている間、ネットワークの面々は環境省一階の喫茶店で、私が意見書を持ち帰るのを待っていた。知人のマスコミ記者から意見書を受け取った私はすぐに一階に降りた。人数分のコピーが回った後、懸樋が声を出した。

「なんだ、これ。電磁波のことが一行も書いていない！」

ブリーフィングで環境省は「磁界は、環境省の業務として取り扱っていない」ことを理由に挙げたが、懸樋は「住民説明会でも必ず質問された電磁波のことが無視されていいはずがない」と憤りを隠さなかった。

意見書は、市民団体には総じて不評だ。「リニア・市民ネット山梨」の川村晃生代表は「具体的な指示がなければ、あとはJR東海の解釈次第でなんだってできてしまう」と不安を露わにした。それも無理はない。これまで、一度も公開討論会もなく、住民説明会では質問数を限られ、再質問はできず、質問の手が上がっていても閉会することを繰り返してきたJR東海を住民は易々とは信用できなくなっているのだ。

▼環境省と国交省へのダブル交渉

それでも確かめたい。意見書はいったいどこまで具体事例をカバーできるものなのか？

意見書が出た一二日後の六月一七日。「リニア新幹線沿線住民ネットワーク」は午前一〇時から衆議院第一議員会館で、環境省と国交省と一時間ずつの交渉をもつことになった。両省からそれぞれ五、六人が参加した。

初めに、意見書を提出した環境省。

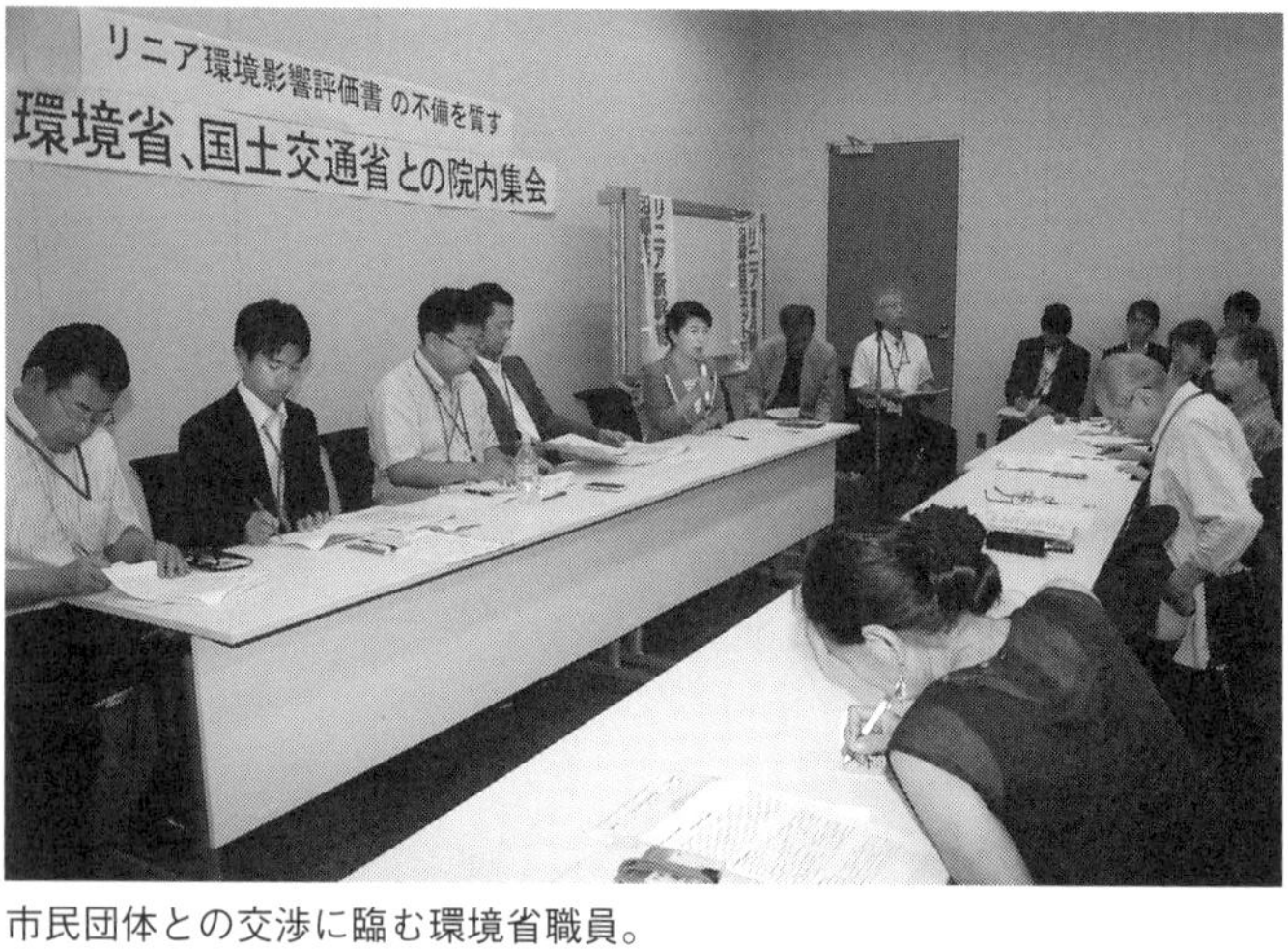

市民団体との交渉に臨む環境省職員。

まず、あらかじめ文書提出した質問に、環境省が回答したのだが、そのとき以下のことがわかった。「大井川源流部の残土置き場に、意見書では計画変更をなぜ求めなかったのか」の質問に環境省は「静岡県知事の意見書は承知しているが、環境大臣の意見は、国全体の環境行政をつかさどる立場からの意見となるので、個別事案の意見は入れなかった」と、具体性がない理由を明かしたのだ。

同様に、長野県大鹿村が、小渋川に橋梁ではなくトンネル建設を求めた事案や、岐阜県可児市が大萱地区（陶芸の聖地）でのトンネル通過を求めた事案についても、「個別事案なので記載しなかった」と回答した。

そして、水資源保護に関してはこう断言した――「徹底した防水施工を求めているが、必ずJR東海に反映される」

これはよほど裏のとれた自信なのか、単に型どおりの手続きが終わったことでの役人答弁なのか、なんとも判別できない。

ただし、その後、参加者との間でさまざまな質疑応答が展開されたが、信用したいと思ったのが、「工事の進捗状況に応じて、JRと連絡を取り、指導も含め話をする。環境省は、JR東海と地域住民だけに投げるわけではない。折に触れて状況を聴取し、必要に応じて助言します」との言葉である。

ついで、社民党の福島みずほ・参議院議員が発言にたった。

意見書の「工事は、河川流量や生態系に影響が生じない場合のみ行うこと」との言葉に対し、「私が最初これを読んだときは、環境省は計画を止めるために書いたのかなと思いました。意見書はけっこう踏み込んでいます。このままでは、今年の秋の着工はありえません。本日出た質問もそうですが、環境省はJR東海に、こんな課題山積のなかでは『着工するな』というべきです」と発言し会場からの拍手を浴びた。

もっとも、環境省の回答は「私たちは事業の可否を判断できる立場ではありません」というものなのだが。

ついで国交省。

私だけではなく、交渉の参加者は、過去に何度となく国交省と交渉した経緯から、国交省からの回答にはあまり期待はしていない。実際、そのとおりだった。

静岡県の残土問題や大井川の流量減量については、予想どおり「意見書を出す前に個別案件には回答できない」だったが、リニアの採算性については「二〇一一年の交通政策審議会で判断してもらった」、JR東海の地震対策や避難対策についても「交通政策審議会で、地震時でも電力供給が可能で、耐震性は従来の新幹線と同様と判断された」、電磁波への疑問については「JR東海のホームページに詳細がアップされている」と言った具合に、誰それが言っていましたとの発言に終始した。

会場からの質問で、川村が手を挙げた。

――国交省の事業費は予定どおりで終わったことがない。リニアも九兆円で収まるのか？　JR東海は「金がなくなると工事中止する」と言うが、工事を中止したら、トンネルを掘りっぱなしという問題が起こる。その場合、税金を投入するのかしないのか?

回答はこうだ――「建設費九兆円は全額自費です」

開会前に司会の天野が「今日は両省を批判するのではなく、質問をするのが目的です。声を荒げないようにお願いします」と釘をさしていたが、川村はこの回答に声を大きくした。

――金がなくなったらどうするのかと尋ねているんです!

「……。現時点ではお答えが難しい」

この件に絡み、神奈川県相模原市の男性が、「国は、JR東海に対して、リニアの不動産取得税と登録免許税を減免したが(約一八〇億円)、さらに固定資産税も減免するのか?」と尋ねると「二税は免税した。今後はわからない」と回答した。

また後日、七月八日、大井川上流部を一緒に視察した「リニア新幹線を考える静岡県民ネットワーク」が上京して、やはり国交省と交渉をもったのだが、このときも同じ質問をしている。リニア建設に国費を投入するのかと。国交省職員はこう回答した――「あり得るともあり得ないとも言えない」

この二つの回答からは「もしかしたら」との不安が漂ってくる。

少なくとも、環境省と国交省とを比べた場合、国交省は明らかにリニア推進の立場にいる。その国交省がリニア着工にゴーサインを出す立場にいるのだから、住民は不安をぬぐえない。

▼行政訴訟

両省が退席した後、ネットワークは同じ部屋で記者会見をもった。

川村が口火を切った。

「なんとか計画に歯止めをかけたいです。本日の行動の実効性はわからないが、両省に我々の疑問を伝えられたのはよかったと思います」

次いで、天野が不安を口にした。

「法の限界がありますね。国交省はリニアを推進しているし、環境省は『事業の可否を問えない』立場。法律上、もう住民参加はできない。しかし、計画への参画こそが住民参加です。我々がどう関わるのかの道筋が保障されていないのが問題。このまま工事を進めてはならないはずです」

住民ができることは何か。私は質問した。

――JR東海を訴訟する可能性はあるのでしょうか？

川村は「重要な問題です。そのエネルギーを我々がもちうるかですが」と回答した。

――ただし、JR東海は違法行為はしていません。訴訟となるとどの点を突くのですか？

「南アルプスが争点になります。つまり、エコパーク登録されたことで、（環境を壊す）リニアで争える。訴訟は世論を喚起できます。訴訟となると、これまで知りえない情報を法廷で引き出すことができます」

記者会見が終わった後、ネットワークはそのまま会合をもったが、そこでもまず議題になったのが訴訟だった。裁判にはたいへんな労力がかかる。それでも、行政訴訟をやってもいいと考える人はいますか。川村のこの問いかけに、そこにいた二〇人弱のほとんどが手を挙げた。この時点で結論は出ていない。だが、JR東海と情報をやり取りすることが目的の一つであるなら、考えなくてはならない選択肢だった。果たして二〇一六年五月、市民団体は行政訴訟を起こすのだが、それは第七章に譲る。

▼高まる関心

七月一八日。太田昭宏国交大臣意見が提出された。

簡単に言うなら、環境大臣意見書をほぼ踏襲した内容だ。一四ページあるうちの一〇ページがいわゆるコピペである。それは、総論は厳しくとも、各論で具体的対策に触れていないことをそのまま意味する。

ただし、コピペ以外では、「水資源に影響を及ぼす可能性のある大井川を始めとする沿線の各河川は、水道用水、農業用水、工業用水及び発電用水等に利用されていることから、河川流量の減少は河川水の利用に重大な影響を及ぼすおそれがある。このことを踏まえ、必要に応じて精度の高い予測を行い、その結果に基づき水系への影響の回避を図ること」といったように「大井川」という具体的地名が出された。さすがに国交省が認める工事で本当に毎秒二トンも流量が減少するのは芳しくないという判断があったのだ。

ただし、前文には「三大都市圏を一体化するとともに、中間駅の設置とその背後圏の開発により、地域の活性化が図られることが期待されている。また、これにより、いわゆる世界最大のスーパー・メガリージョンが形成され、我が国の国際競争力の強化に資するものである」と明記しているように、国交省のリニア実現への意思が見える。

ともあれ、これでまた一つ手続きが終わった。これを受けて、JR東海は八月にも「補正評価書」を提出する予定である。

だが市民団体は諦めていない。

七月二一日、静岡市において、「リニア沿線住民ネットワーク全国交流集会」が開催された。静岡県での市民運動が始まったのが昨年からという背景もあるので、一都六県で活動する市民団体が一堂に会

沿線住民ネットワークが作成した新聞折り込みチラシ。すでに数十万部が出て周知に一役買っている。

したのはこれが初めてだ。約一〇〇人弱が参加し、各地からの報告や専門家の講演のあと、「環境大臣は意見の前文で、『リニア事業は、関係する自治体と沿線住民の理解なしには実施することは不可能』と述べています。リニア新幹線に対する自治体や住民の不安や疑問を訴える声は高まるばかりです。拙速に工事着工を認めることは、沿線住民を裏切るだけではなく、将来の世代に取り返しのつかない代償を負わせることになります。私たちは本日の集会の名のもとに、国土交通大臣がリニア新幹線の着工を認めないよう強く求め、アピールとします」とのアピールを採択した。

こういった状況に「リニア・市民ネット」代表の川村には感慨深いものがある。上記、両省交渉のあとの会合で川村はこう語っていた。

「二〇〇九年三月、『リニア・市民ネット』を立ち上げたときは孤立無援でした。でも今は問題が浸透しているとの実感がある。この調子でいけば、八〇％の無関心層を掘り起こすことができると思います」

川村の言うとおりだ。二〇〇九年にリニア関連の活動をする市民団体は他にはいなかった。だが、二〇一一年九月に方法書の縦覧と住民説明会で、まず計画沿線上で各都県に一つほどの市民団体が立ち上がった。

そして、二〇一三年九月の準備書の縦覧で、一部自治体が計画に懸念を表明するというそれまでは考えられなかった事態が起こった。

さらに、二〇一四年三月の知事意見書、四月のＪＲ東海の評価書、そして環境省と国交省の意見書が出されるなかで、ようやく議員が動き出したのだ。

国会議員でいえば、これまでも数人がリニアに関して動いていたのは本稿で書いたが、今年になってからは、市民団体が主催する院内集会には、それまでは秘書だけが参加していたのが、阿部智子衆議院議員（無所属）、吉田忠智・参議院議員（社民党）など議員本人が参加し発言するようになり、辰巳孝太郎・参議院議員（共産党）が所属する国土交通委員会でリニア新幹線計画を質し、福島みずほ・参議院議員（社民党）が質問主意書を提出した。さらに、福島議員は七月下旬に希望者を募って一泊二日の日程でリニア計画沿線の視察も行なった。

地方議員も動いている。もともと、リニア計画沿線の一都六県には、リニア問題に取り組む地方議員が数人はいたのだが、国交大臣意見が出される前日の七月一七日、一三人が東京に集まり、これからどう連携をしていくのかの会合をもった。そこには大鹿村の河本明代もいた。

地域の住民や地方議員にリニア問題をより深く理解してもらうには、関心のある地方議員の連帯が欠かせず、政党・会派にこだわらない緩やかな意見交換をしていこうという「リニアを考える自治体議員の懇談会」が結成されたのだ。次回は一一月に集まりをもつ。


そして特筆すべきは、やはり昨年の準備書縦覧あたりから、市民運動とは関係のない一般住民がリニア計画に異を唱えていることだ。

二〇一四年六月一八日。「リニア新幹線を考える東京・神奈川連絡会」の主催で神奈川県川崎市に

川崎市内の閑静な高級住宅街。1分間に1台のダンプが通れば、洗濯物も干せず、子どもの通学にも目が離せなくなる。

建設される五ヵ所の非常口（立坑）建設予定地を巡るバスツアーが催された。五ヵ所の非常口からは、今後一〇年間にわたり約四〇七万立方メートルの建設残土を九五万台のダンプカーが運ぶ予定だ。この事実だけでも片側一車線の道路に渋滞が起こることは容易に想像ができ、しかもなかには閑静な住宅街をダンプカーが一分に一台の割合で走り抜けていく。

私が驚いたのが、川崎市麻生区東百合丘の住宅街のあちこちに「リニア新幹線工事　大型車両通行反対　生活・通学道路の規制を守ろう‼」との横断幕がいくつも掲げられていたことだ。スーパーマーケットの造成工事だけでもいきかうダンプカーの振動と土埃に悩まされてきたと語る住民は、「リニア工事ではそれ以上のダンプが走ります。洗濯物も干せなくなるし、子どもたちの通学が本当に心配」と声を出した。

そして、どこの地域でも共通した訴えは「ＪＲ東海はほとんど一度も話し合いに来ない」ということだった。

川崎市に限った話ではない。

リニアが通過予定の山梨県南アルプス市の戸田、宮沢地区の住民がリニアに反対する「リニア対策会」を結成し、今、生活道路には「リニア通過反対」と書かれたのぼり旗が掲げられている。対策会ではJR東海にルート変更を陳情したという。

岐阜県でも二〇一四年一月に「リニアを考える坂本住民の会」が結成された。リニア中間駅が近くに建設予定の美乃坂本駅周辺では、東西にリニア駅と高架橋が高さ三〇メートルを越える壁として出現し、リニア計画と連動した「濃飛横断自動車道」が南北を貫くため、地域が分断され日の当たらない家や田んぼがでることの不安から発足した。立ち退き世帯も出ることから住民は穏やかではいられない。

この延長線上に、七月下旬、「東濃リニアを考える会」も合流しての「リニアを考える岐阜県民ネットワーク」が結成された。

おそらく私の知らないところでも、多くの住民が、今後の騒音、振動、土埃、それによる喘息、日照障害、立ち退き、地域分断などに不安を募らせていることは想像に難くない。

私は本書においてリニアに賛成だとか反対だとかの私見は述べていない。なぜなら、それを言う前に、まずはＪＲ東海に、徹底した国民的議論に参画してほしいからだ。すなわち、計画の賛成派、反対派、有識者、自治体などを交えての徹底討論を重ねてほしいと願う。そして、それしか、互いの妥協点を探る道はない。

この点において期待したいのが静岡県の動きである。二〇一四年四月二二日、県では関心をひかれる組織が立ち上がった。

静岡県中央新幹線環境保全連絡会議。

これは、ＪＲ東海の準備書に対して出した知事意見書に書かれた「県は、新たな環境監視体制を整備し、詳細に確認していくこととした。ついては、事業者（ＪＲ東海）はこの環境監視体制に参加し、当該体制に対し工事現場等の公開や立ち入りを認めるとともに、調査結果等を説明することを求める」ことを具現化したもので、生活環境、自然環境、および、大井川流域全体の水資源が適切に保全されることを目的に設立されたのだ。

連絡会議に参加するのは、県知事、県、市、水利権者、自治会、ＪＲ東海など。会長は、県環境影響評価審査会の委員長としてリニア計画への厳しい答申を知事に出した和田秀樹・元静岡大学大学院教授が務める。期限は二年。大井川をどう守るのか、建設残土を本当に標高二〇〇〇メートルの稜線に置けるのかなどの議題をＪＲ東海に直接問い質せる場になるはずだ。

また、補正評価書と並行して、ＪＲ東海は、県知事に「事後調査計画書」を提出するが、静岡県では、県知事は、「県環境影響評価条例」に従って、静岡市長に「計画書」に関する意見照会を行い、市側は「専門家会議」に諮り、そこでまとめた意見を「市長意見」として知事に提出し、それを受けて県は「県審査会」で検討し、そこでの意見を踏まえて、「計画書」に対する「知事意見」をJR東海に提出する。

佐藤委員長（前出）は、これら手続きの中で「住民が意見を言える機会もある。それが市長意見や知事意見に反映される」と説明する。じつは、佐藤自身が「市専門家会議」の副議長を務めることもあり、「南アルプスの長期的な環境保全を考えた時、このタイミングでの市民意見は貴重だ」と捉えているのだ。

つまり、少なくとも、わずか一一キロの南アルプスでのリニア工事はすんなりとはいかないはずだ。そして、わずか一一キロだけでも工事が遅れれば、それはリニア全体の見直しにもつながっていく。

市民団体、自治体、議員、一般住民、連絡会議。リニアの建設手続きは土壇場にまで来ているが、次々とリニア計画の拙速さを訴える個人や組織が増えている。今からでも遅くはない。JR東海は関係者、特に住民を軽視せず、徹底議論を図るべきだ。本書の主旨はそれに尽きる。

ストップ・リニア！訴訟

2016年5月20日。市民団体が国土交通省のリニア事業認可の取り消しを求め、行政訴訟を起こした。法廷という公の場で、JR東海から明らかにされていない事実を引き出せるだろうか。

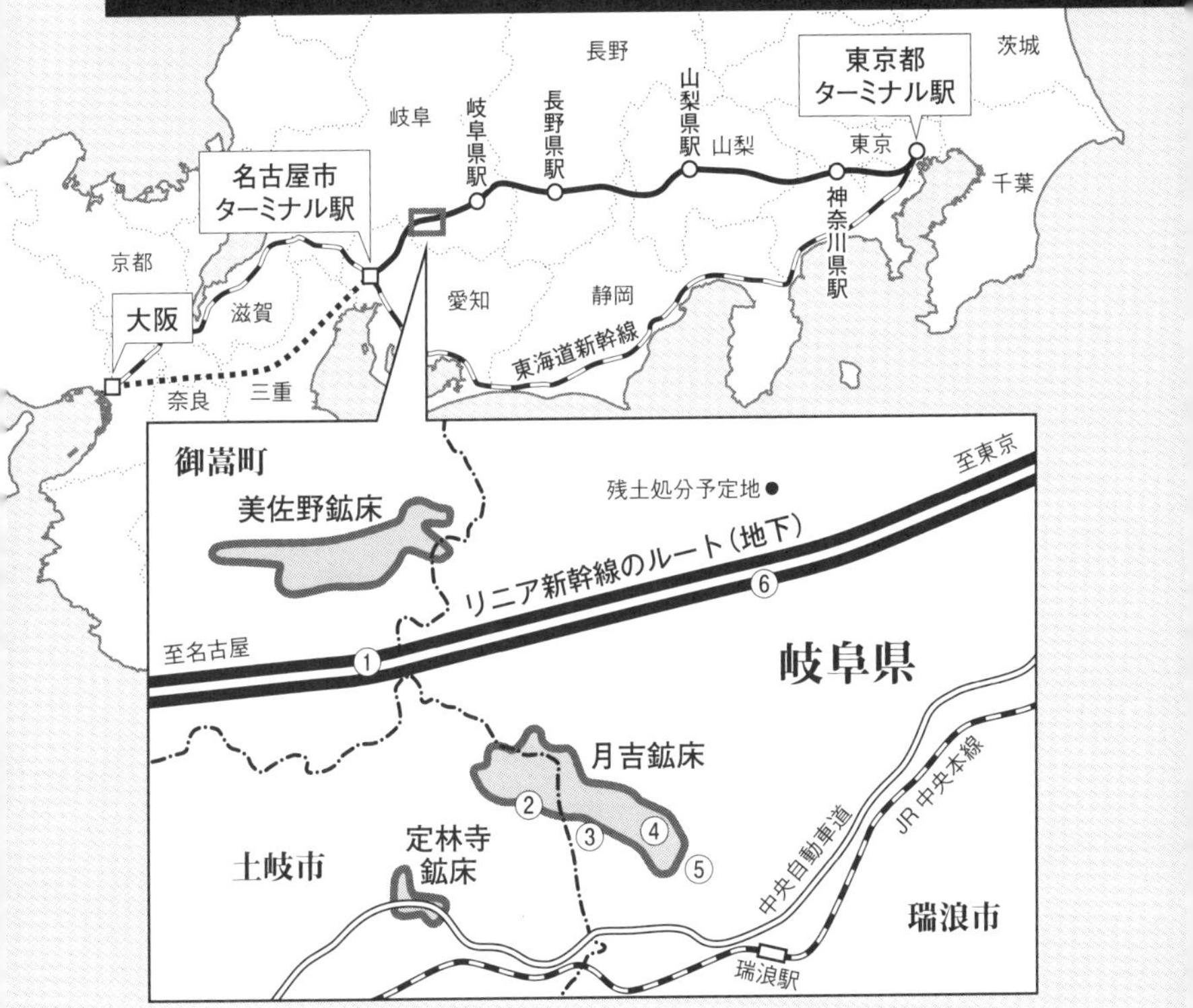

岐阜県東濃地区放射線測定記録　　測定値（マイクロシーベルト毎時）

測定地点	測定地点名	2013年12月（井上さん）	2016年2月16日	2016年3月18日
①	245キロ地点	0.251	0.341	0.335
②	東濃鉱山正門前	0.257	0.209	0.317
③	正馬様洞	0.215	0.275	0.269
④	月吉公民館裏	0.233	0.233	0.233
⑤	超深地層研究所	0.173	0.251	0.251
⑥	240キロ地点非常口予定地	0.269	0.209	0.245

二〇一四年一〇月一七日。ついに国土交通省が、ＪＲ東海のリニア事業計画を認可した。

ＪＲ東海がリニア建設のため、環境影響評価法の手続きに則り、最初の手続きである環境影響配慮書の縦覧を始めたのが一一年六月だから、認可までに三年と四ヵ月を要したことになる。

リニア工事や営業運転がもたらすであろう、水資源の枯渇、生態系への影響、騒音、振動、土壌汚染等々への影響については、ＪＲ東海の作成した「環境影響評価書」では判で押したようにほとんどが「影響は少ないと予測する」と結論づけられていることはすでに書いた。

「つまり、問題は、ＪＲ東海のアセスがじつに杜撰なこと。そして、その杜撰なアセスを国交省が易々と認めたことに尽きます」

そう説明する市民団体「リニア新幹線沿線住民ネットワーク」の天野捷一共同代表だが、天野たちにすればこの事業認可は想定内だった。だからリニア新幹線沿線住民ネットワークはすぐに動いた。事業認可の取り消しを求める異議申立書の提出を全国に呼び掛けたのだ。

異議申立てとは、何かしらの処分をした行政庁（今回は国交省）に対し、行政不服審査法に基づき行なう不服申立てをいう。リニア新幹線沿線住民ネットワークに所属する市民団体は、インターネットでの周知、メール、電話、口コミ等々を駆使して異議申立人を募った。反響は大きかった。行政処分に対して異議申立てができる期間はわずかに六〇日間。それでも異議申立書は天野の予測をはるかに超える五〇四八通が集まり、ネットワークは一二月一六日にそれを詰めた段ボール五箱を国交省に提出した。

これは、行政訴訟を実現するための前段階という意味をもつ行動だった。

「事業認可から半年以内なら誰でも行政訴訟の原告になれますが、半年を過ぎると、原告は異議申立人だけに限られてしまうからです。現実問題、わずか半年で裁判で争う態勢を整えるのは無理。時間稼ぎのためにも必要な行動でした」（天野）

だが、異議申立書について国交省の裁定――結果はわかりきっているが――がいつまでたっても下りない。提出から一〇ヵ月経った昨年一〇月中旬、国交省鉄道局施設課環境対策室に電話を入れた。

――異議申立書の提出からそろそろ一年になります。異議申立書には何割くらいを通したのですか？

「審査中です」

――何割くらいに目を通したのですか？

「申し上げられません」

――いつまでに審査は終わるのですか？

2014年12月16日。リニア新幹線住民ネットワークは5048通の異議申立書を国交省の職員（左から二番目）に手渡した。

「決まっておりません」

暖簾に腕押し。リニア新幹線沿線住民ネットワークも同様の対応を受けていて、この頃には「行政訴訟しかない」との方針を固めていた。

リニア新幹線沿線住民ネットワークが訴訟を強く意識し始めたのは、その半年も前の、JR東海が評価書を提出した一四年四月からと言ってもいい。リニア新幹線沿線住民ネットワークは何人かの弁護士に打診を繰り返していた。そして、弁護に前向きな姿勢を見せた一人が、関島保雄弁護士（八王子合同法律事務所）だ。

かつて、首都圏を環状に走る高速道路――圏央道――が引き起こす、東京都の名峰である高尾山周辺の大気汚染や騒音による人格権侵害や自然環境権や景観権、自然享有権などを根拠とした「高尾山天狗裁判」の事務局長を務めた弁護士だ。同じような問題が起こるリニア計画への関心は深かった。

リニア新幹線沿線住民ネットワークが、行政訴訟を行なう方針を正式発表したのは二〇一五年一〇月三〇日。東京都の参議院議員会館で「訴訟スタート院内集会」と銘打ち、関島弁護士、リニア新幹線沿線住民ネットワークの川村晃生共同代表などが会見を開いた。これを皮切りに、リニアが通過する一都六県では、各地域の市民団体がそれぞれの「訴訟スタート集会」を開催し、天野も関島弁護士もそこに赴いた。目的は、異議申立人のなかから一人でも多くが原告になることを促すことと、原告にはなれない一般市民に、初年度二〇〇〇円、次年度以降は一〇〇〇円を払って訴訟を支援する「サポーター」になってもらうためだ。

原告は目標の一〇〇〇人には届かなかったが、訴状の提出日である一六年五月二〇日時点で七三八人が集い、サポーターも一〇〇〇人を超えた。二二人の弁護団は、各都県でそれぞれ数千ページもある膨大な環境影響評価書を徹底して読みこなした。現地調査もした。そして争点を絞った。

昨年一〇月、東京での訴訟スタート集会で、私は関島に「この訴訟の争点は何か」と質問をした。違法性があれば、どの法律に抵触するのかと。関島はこう回答した。

「国交省の事業認可は『瑕疵ある認可』です。環境影響評価法に違反した評価書を基に事業認可したということです」

リニア計画の環境アセスでは、住民から環境への影響が指摘されたのに、評価書ではその軽減方法を具体的に検討した形跡が見られない。

また関島は、「全国新幹線鉄道整備法や鉄道事業法にも違反する」と説明する。

「リニア建設の根拠は、全国新幹線鉄道整備法という、整備新幹線の建設を支える法律です。でも、そもそも浮上走行のリニアは軌道方式と異なる以上、『全国の新幹線網をネットワークとして運行する』との同法の目的に反しています。また、同法では、『建設工事に伴う人に対する危害の防止方法』と『その他工事の実施に関し必要な事項を実施計画書に記載する』ことを定めていますが、危害防止方法や環境被害の防止策が評価書に記載されていません。鉄道事業法で定められた安全対策や災害防止なども リニア計画では描かれていません」

関島に続き、裁判の原告団長を務めることになる川村は強調した。

2016年5月20日。リニア新幹線住民ネットワークの面々が、事業認可取り消しを求め、訴状を東京地裁に提出した。左端が住民ネットワークの川村共同代表。右から二人目が弁護団の中心人物の関島。

「国交省の事業認可取り消しが目的ですが、当然、JR東海にも出廷してもらい、住民説明会や評価書で説明をしていない事実を明らかにしたい。そして、計画の杜撰さを公にし、世論を高めたい」

この訴訟の名称は「ストップ・リニア！訴訟」と決まった。原告団が東京地方裁判所に訴状を提出したのは二〇一六年五月二〇日のことである。

▼地域住民立ち上がる

訴訟の報道だけを読むなら、リニア計画に対する住民運動は盛り上がっている印象を受ける。

だが正確に書くと、リニア計画に対し異を唱えるその多くは、地域の垣根を超えて組織されている「市民団体」だ。リニア新幹線沿線住民ネットワークの構成メンバーと言ってもいい。逆に言うなら、地域に根差す町内会や自治会、そして「地域住民」の声はまだ小さい。山梨県のある住民はこう語った。

「リニア実験線は自民党の金丸信さん（故人）がもってきた。そうなると、田舎に行くほどに『国策』に逆らうのはとんでもないと意識するんです。私も田舎暮らしですが、リニアが嫌だと大っぴらに声をあげたら住みにくくなってしまいます」

この他にも、山梨県庁とつながっている地域のボスが怖い、反対を言えば変わり者扱いされるなど、私は幾度と村八分を恐れる声を聞いた。それは山梨県だけではない。

神奈川県相模原市緑区の山間部にある鳥屋《とや》には敷地面積五〇ヘクタールものリニア車両基地が建設予定だ。最大幅三五〇メートル、長さ二キロ、高さ三〇メートル。完成すれば、鳥屋のなかの谷戸《やと》地区（約五〇世帯）は、そのど真ん中に位置する二〇世帯以上が立ち退くことになり、その両端に位置する地域が残るという地域分断が起こる。

この計画は地域住民には寝耳に水だった。二〇一一年、

神奈川県相模原市緑区鳥屋の谷戸を丘の上から撮る。2本の白線は車両基地の幅を示す。地域分断が確実に起きる。

ＪＲ東海が公表した「環境影響評価方法書」には車両基地建設予定地は「相模原市内」と書かれているだけ。だが、鳥屋に隣接する青野原ではとの情報はあった。その青野原では建設に反対する声があがっていた。そして二〇一三年九月、「環境影響評価準備書」で唐突に「鳥屋」が登場したのだ。

谷戸では住民に不安が広がり、自治会は住民にアンケートをとり、役員間でも対処を話し合った。そして、谷戸自治会館前に「車両基地絶対反対」の看板が立つ。外部の関係者は立ち退き拒否の意思表示と思い、その後の住民運動の展開を待った。ところが、何ヵ月たっても組織だった反対運動は起きない。私はその理由を自治会関係者のＳ氏に尋ねた。Ｓ氏が見せた胸の内は苦しいものだった。

「あの看板ですね。住民の多くはリニアを歓迎していません。それでも、この巨大事業に抵抗するよりも共存しか道はないのではとの意見も出ていて、意見は様々です。少なくとも、ＪＲ東海の言いなりでなく、『絶対反対と同じくらいの強い心構えで』最低限の要求は通そうということです」

Ｓ氏にしても、立ち退きは免れるが、自宅のすぐそばを高さ三〇メートルもの壁が二キロの長さにわたって走る。数年前にリフォームしたばかりの我が家からの眺望が失われるだけに、リニア計画を快く思っていない。だが住民同士でこの議題に触れる日常会話はないという。

それも当然だと住民のＭ氏は語る。

「住民はおとなしいんです。昔からお上には従えとの風土がある。移転されようと、沢を潰されようと、山を崩されようと、それでも黙っている。もどかしいです」

谷戸自治会は、コミュニティ維持のため、立ち退き対象外の世帯も含め全世帯の集団移転を選択肢の一つとしてJR東海との交渉に臨んでいるようだが、未だに明確な未来像は描かれていない。

いったい自分たちはどうなるのか。その悩みを住民同士で大っぴらに話し合うこともできず、ただ地域分断を待つだけの日々。リニアに限らず、どの大型公共事業でも見られる、日本の地域社会の根底を流れる「対峙しないことを選択する」という風土は、地域の絆を、いい悪いは別にして、維持はするが、一方で、個々の住民の自由な発言や行為を縛っている。

この縛りを解くのは、一握りの住民の勇気、そして、その勇気を「全力で支える」外からの支援しかない。果たして、それで動き出した地域住民が現れたのだ。

▼山梨県中央市

二〇一五年五月一〇日。地域住民団体「中央市リニア対策市民の会」が設立された。代表世話人は市民である内田学（六五歳）。

中央市は市とはいっても、二〇〇六年に二町一村が合併してできた新しい自治体であり、内田に言わせれば「田舎の集まり」だ。

「だから、リニア計画を疑問視する声を誰も上げない。そういう自分もその一人でした」

だが二〇一四年一一月。国交省がリニア事業を認可すると、JR東海は各地で工事の概要などを説明する事業説明会を開催するが、中央市での説明会で内田は思い切って質問の手を挙げた。そのとき、内田の質問に合わせて、後ろから「そのとおりだ！」と声を上げる数人の市民がいた。

「ああ、疑問をもっていたのは自分一人じゃなかったと嬉しかった」

それら市民と内輪的な会合を重ね、中央市の市民として物申していこうと会の設立に至ったのだ。

内田にとってリニアはヒトゴトではない。

リニアは、品川から名古屋まで約二八六キロのうち八六％の二四六キロがトンネル区間。山梨県はそのわずかな地上区間約四〇キロのうち二七キロが集中する。つまり山梨県では、JR東海は多くの家屋や畑を収用して事業を進めることになる。報道によると、収用対象となる地権者は県内で約一三〇〇人（沿線全体では約五〇〇〇人）。移転補償が必要な民家・企業・公共施設は約三三〇棟にのぼる。

内田も例外ではない。リニア本線、そして中央市に建設される「リニア保守基地」への引き込み線の両方が所有する桑畑を地上約三〇メートルの高架で通過する。その建設のために桑畑の約一〇〇〇平方メートルが収用され、収用を免れる区画にしても、高架が作る日陰が桑の生育を阻害する。

そもそも、内田が問題視するのは、住民と十分な審議を尽くさないJR東海の事業推進の姿勢だ。二〇一五年四月下旬、中央市の四地区の全世帯に、「リニア建設のための中心線測量を五月中旬から実施します」との通知が投函された。中心線測量とは施設の建設に当たり、その建設範囲を確定させるための測量だ。内田たちはJR東海の事業説明会に納得していないことで「再度の説明会開催を」と要請していたまさにそのときに、その回答もないままの測量通知に驚いた。

「中央市リニア対策市民の会」は、結成間もない五月一五日、JR東海の環境保全事務所に抗議書の提出に赴いた。すると、この抗議が効いたのか、少なくとも内田の周辺の私有地での中心線測量は実施されていない。逆に言えば「抗議をしていなかったら測量されていた」（内田）。

そこで考えた。相手の出方を待つのではなく、自分から何ができるのか。内田が決めたのが、畑の桑の木を利用しての立ち木トラスト運動だった。

立ち木トラスト運動とは、その土地に生育する樹木を買い取ったオーナーの名札を取り付けることで「立ち木権」を主張し、開発行為を阻止する運動のことだ。開発業者は、立ち木権オーナーの同意なしに樹木の伐採等ができないため、開発にブレーキがかかる。実際、立ち木トラスト運動は日本各地のゴルフ場開発などを阻止してきた実績がある。

これを全面支援するために内田と協力関係をもったのが市民団体「リニア市民・ネット山梨」（川村晃生代表。以下、ネット山梨）だ。

ネット山梨は内田と話を詰め、リニア新幹線沿線住民ネットワークも通じて、立ち木のオーナーを一本一〇〇〇円で募る公募を開始。するとあっという間に、北は福島県、南は長崎県から申し出が相次ぎ、四〇五本は完売（後日約五〇〇本に増やす）し、七月二九日にオーナーを示す名札かけが行なわれた。この日、川村も自ら名札かけを手伝いながら、多数のマスコミ記者に訴えた。

「今後、土地収用を担当する山梨県は全国にいる四〇五人のオーナーと個別交渉しなければならず、リニア工事に少しでもブレーキをかけられると思います。こういった闘いを各地で展開したいです」

立ち木トラスト運動が成立したのは、ひとえに内田の決意に他ならない。

山梨県中央市の桑畑。2015年7月29日に405人のオーナーの札かけが実施された。

「外からの支援は本当に心強い。見ていてください。私は徹底的に闘いますから」

地域住民が立ち上がってこそ可能になる粘り強い運動。川村のこの思いはもう一ヵ所でも実現する。

▼神奈川県相模原市緑区鳥屋

二〇一六年四月。前述の、車両基地の建設予定地である鳥屋で土地トラスト運動が始まった。土地の広さは約四〇〇〇平方メートル。これを一一人のオーナーで分割してそれぞれに地上権を設定したのだ。一一人は市民団体「リニア新幹線を考える相模原連絡会」(以下、相模原連絡会)の有志だ。

鳥屋の谷戸地区が車両基地により地域分断されるのはすでに書いたが、収用対象は、谷戸だけではなく、数少ないが鳥屋の他の地区にも及んでいる。渡戸地区に住む栗原晟《あきら》(七〇歳)が所有する山林は、車両基地に至る手前の引き込み線(地下走行)にかかる予定

2016年4月。神奈川県相模原市緑区鳥屋で土地トラスト運動が始まった。地主の栗原が現地を歩く。

だ。

栗原はJR東海の住民説明会に幾度と参加しているが、その説明に一度も納得したことがない。心配なのは、集落の狭い道路を朝から晩まで一〇年間も工事用大型車両が通過することでの生活破壊だ。特に、小学校前の道路を一日最大五〇〇台以上も工事用車両が走り、小学校のすぐ裏を車両基地の高さ三〇メートルの壁が走るのに、やはり保護者から上がる懸念の声は極めて小さい。

だからこそ、栗原が実行したことがある。工事車両の通過予定道路の八地点において、道幅にどれほどの余裕があるかを計測したのだ。その結果、双方向からやってくる工事用車両が隙間〇センチという神業ですれ違ったとしても、歩道のある二地点で六四センチの余裕があるだけで、歩道のない六地点はほぼ〇センチかマイナスという数字が出た。人が歩けばさらに幅六〇センチは取られる。つまり、現状のままでは常時渋滞状態が続き、騒音、振動、排気ガス、土埃、泥はねなどによる生活破壊は必至だ（そもそも工事ができないかもしれないが）。

栗原はこの結果を大きなケント紙にイラスト化した資料を、二〇一五年秋の地区文化祭で展示した。多くの住民がそれを見た。それでも芳しい反応はなかった。栗原は、この時点で自身が所有する山林で土地トラスト運動を始めることを意識していた。

土地トラストを決意させたのにはもう一つ理由がある。

栗原は数年前、県に「所有する山林を『水源協整備定林』で契約したい」と相談した。県には、手入れの行き届かない森林に対し、水源かん養機能を図るため、県（または市町村、森林組合等）が森林整備を目的として森林所有者と契約する事業がある。その一つが水源林整備協定だ。地主から土地を借り県が森林整備を行ない、面積に応じた賃借料が毎年支払われるので、地主には悪い話ではない。鳥屋は神奈川県の水がめである宮ケ瀬ダムに隣接するので、栗原の山林も大切な水源地であることは間違いない。ところが、栗原の山林の地下をリニアが通過するかもしれないと知った県は、契約を締結しないと告げる。「もし協定を結べば、水源を枯渇させる可能性のあるリニア計画の推進にブレーキがかかると判断したのでしょう」と栗原は推測する。

住民の生活や水源保護よりもリニア計画が重視される現状。栗原は「リニア計画には百害あって一利もありません。山を壊す、沢をなくす、地域を分断する。黙っていられません。権利を主張することで、用地買収を防ぎ、事業の遅延を図り、この問題を世論に訴えたいんです」と語った。

鳥屋を何度も訪れては住民と情報交換をしていた相模原連絡会は、「ストップ・リニア！訴訟」にも加わる弁護士を交え、栗原の思いを汲んだ。連絡会の有志一一人が、栗原の土地にそれぞれの地上権を設定したのだ。登記が行なわれたのは二〇一六年四月一二日である。

今後、JR東海は、リニア施設に家屋や土地がかかる住民に測量を申請するが、栗原と一一人は測量を断ると決めている。となると、収用を担う神奈川県はここを強制測量するかもしれない。それでも、一一人は用地交渉には応じない。最終的には、県は収用委員会に諮って強制収容の手続きを採るかもしれないが、その後も行政代執行まで闘い続けるかは市民運動の方針次第だ。注視したい。「ストップ・リニア！訴訟」の原告は七三八人。このなかの二〇五人が、自身の家屋や土地、田畑などが収用対象になるという。私は、今後、トラスト運動は計画沿線で広がりを見せると予想している。

実際、家屋の収用は切実な問題だ。山梨県では、家屋を取られまいとする住民が動いている。

▼山梨県富士川町

山梨県富士川町小林地区に住む有泉《ありいずみ》實《みのる》（八四歳）がリニア計画を知ったのは、二〇一三年九月、JR東海が公表した「環境影響評価準備書」に関する新聞報道でだ。その後、リニアのルートが自宅の敷地を貫くと知る。

同地区での立ち退き対象家屋は一五軒前後。「地域分断が起こる」、「宅地も農地も不動産評価がD

ランクになる」、「日照障害で家が暗くなる」との不安を、住民はその後のJR東海による説明会でぶつけたが、回答は「法令に従います」といった人間味のないものに終始した。これに不信感を抱いた有泉は、一一月四日、JR東海の甲府営業所に「計画を考え直すように」との主旨の手紙を送付した。返事はない。

驚いたのが二〇一五年二月だ。JR東海から、突如、中心線測量のための杭打ちをするとの回覧版が回ってきたのだ。有泉はすぐに動いた。

「JR東海からは事前連絡もありませんでした。ワシは、このままでは着工されると、地区住民に声をかけました。急な声掛けでも集会所に五〇人ほどが集まりました。いろいろ話し合い、結論は、ワシにJR東海や役所の連絡窓口になってくれというものでした。彼らの戸別訪問を受けてしまうと、『今、土地と家屋を売ればいい値になりますよ』といった金の話になり、折れる人が出るからです」

有泉はすぐに地区を回って測量反対の署名集めに奔走。

有泉の自宅敷地。後ろが車庫。右が母屋。2本の白線はリニアが通る幅を示している。

二月末、約八〇筆の署名をJR東海の甲府営業所で住民とともに手渡し、自分だけが窓口であると告げた。

果たして、JR東海は、有泉宅に一度電話を入れ、その後、有泉が畑にいる時に声をかけたが、「私と話したいなら町長を伴ってこい」との言葉に、以後姿を見せず、中心線測量は行なわれていない。

「ワシはここで生まれ育ちました。この家が終の棲家です。何十年も一緒に生きてきた地区の人たちとも離ればなれになるのは耐え難い。なかには、後継ぎがいないから、やっと畑が売れると喜ぶ人もいれば、利用者が減ると嘆く福祉施設の職員もいる。でも地域住民として大切なのは、金のために喜んだり、仕事を心配するのではなく、『ここにリニアを通さない』と決めて行動することです。リニアが通らなければ、誰もがここで最後まで暮らせて、農業もできる。福祉施設も安泰です。条件闘争じゃなく、通さない。それをみんなで考えたい」

JR東海が今後有泉にどう接していくのか。地区住民が

山梨県富士川町で住民が設置したリニア反対の看板。

どう動くのか。見守りたい。

▼山梨県中央市

中央市には新山梨環状道路という高架式の高速道路が街を走っているが、リニアは環状道路の数十メートル横をほぼ平行に一キロほど走る計画になっている。二つの問題が起きる。

まず、立ち退き。たとえば、布施第五自治会は二〇〇世帯以上を擁するが、このうちの約五〇世帯がリニアの走行ルートにかかり、移転の対象となる。

そして、悲惨になると予想されるのが、環状道路とリニア本線とに挟まれる家屋だ。立ち退きは免れるものの、日照と眺望の両方が失われる。加えて――

「環状道路は高さが約一五メートル。ここの北側が悲惨。日陰になるため、雪が凍結して解けないんです。二〇一四年の豪雪は春になっても雪が残りました。今度はリニアでしょう。となると、挟まれた土地の地価下落は確実。でも固定資産税はそのままだから、迷惑な話です」（住民の山口武文）

山口も、準備書説明会で「電磁波や日照権の問題に不安を抱えている」と質問したが、「影響は小さいと予測しております」との回答に「あまりにも誠意がない」とJR東海に不信感を抱いた。

そして、内田が代表を務める「中央市リニア対策市民の会」に参加すると、「このままでは着工を待つだけ」との怖れから、布施第五自治会で話し合いをもち、富士川町小林地区と同じように、戸別訪問を拒むため窓口の一本化を決めた。ここでも、私有地においての中心線測量は始まっていない。

▼山梨県南アルプス市

南アルプス市の戸田地区でも、リニアルートは家屋や庭などにかかる。なかには、庭がすべて収用されるが家屋だけ残るという家族もいる。だが、事業説明会において、JR東海は、そういう家は、工事期間中は工事のために自宅への出入りができなくなる、と説明した。では、どこに住むのか。JR東海は回答を出さなかった。

住民が納得できなかったのは、マニュアルに従うだけのJR東海の司会者の説明に加え、その場でただの一言も「住民の皆さんのご理解を得てから始めさせていただきます。どうぞよろしくお願いいたします」との丁寧な言葉がなかったことだ。

戸田地区の自治会はJR東海に対し「この説明会はなかったことにしていただきたい」と宣言した。以後、説明会は開催されないままである。

▼南アルプスはどうなる──立ち上がった登山者

リニア計画で高い関心を集めるのが、本州で横断工作物がない唯一の山塊「南アルプス」だ。計画では、東端の山梨県早川町から西端の長野県大鹿村まで二五キロの長大トンネルが開けられる。

自然保護団体や地質学者は、その長大なトンネル掘削で南アルプスから水が失われること、そして、トンネル掘削で発生する膨大な残土を大井川上流部の河川区域に積むことの危険性を指摘している。

ＪＲ東海自身も、評価書で、何もしなければ大井川が毎秒最大二トン減水すると予測している。

私は、土木事業に携わる技術者から次のような連絡をいただいたことがある。

「南アルプスでのトンネル掘削で予想されるのは、トンネルの中が激流になることです。それを防ぐには、山塊のあちこちに横穴をあけて南アルプスから徹底して水を抜くしかない。それをやったとしても、人の一生がかかかっても抜けるかどうかの時間がかかかります」

その通りだとすれば、南アルプスの川や生態系にはどれほどの影響が出るのだろう。

また、本書二一五ページでは、静岡県の南アルプスで建設される二ヵ所の非常口から約三六〇万立方メートルもの建設残土が発生し、それが、大井川上流部の河川区域六ヵ所と、扇沢という標高二〇〇〇メートルの山の稜線に置かれる計画であることは書いた。

だが事業認可後も、静岡県知事、静岡市長、有識者などからの厳しい意見はやまず、ＪＲ東海は、二〇一五年七月一四日、扇沢への残土搬出案を取り消した。その代替案として出されたのが、すべての残土を河川区域六ヵ所のうちもっとも広い「燕沢《つばくろ》」に集約するという計画だ。

高さ七〇メートルという二〇階建てビルに相当する高さに、幅三〇〇メートル、長さ一キロの規模で積まれる残土。登山道は残土山の山すそを歩くように新しく付け替えるという。燕沢は毎月、毎週のように土砂崩落を起こしている土地だ。この巨大な残土山は現実的な処分方法なのだろうか？

二〇一六年六月八日。静岡市で「第四回中央新幹線建設事業影響評価協議会」が開催された。市環境局環境創造課が主催し、リニア計画の課題を有識者の委員とＪＲ東海とが討議する会議だが、この日の議題は、燕沢に積まれる残土の妥当性についてであった。

　ＪＲ東海は、「一〇〇〇年に一度の深層崩壊と一〇〇年に一度の豪雨が同時に起きたとき、『燕沢に三六〇万立方メートルの残土を積んだ場合』と『残土がない場合』を比較すると、どちらも下流への影響は同じ」と説明した。だが、委員の一人で、地盤工学が専門の安田進・東京電機大学副学長は、残土の山自体が崩れる可能性への説明がないとして、「自然斜面なら崩れても仕方がない。だが、人工的な土の構造物ならば、壊れてはいけないとの発想でなければならない。これが崩れない確証はあるのですか？」との質問をぶつけた。もし崩れた場合、大井川が巨大なダム湖になる可能性があるからだ。

　ＪＲはこう回答した――「どんな災害にでも崩れないというのは非科学的です」

　そして、会議で最後に「（説明は）ご理解賜ったということでよろしいわけですね」と協議会そのものの幕引きを意図するような発言で締めた。

　委員の増沢武弘・静岡大理学部客員教授（植物生態学）は、回答になっていないと納得せず、協議会を続行すると表明。閉会後は私に「私は妥協しません。こちらの疑問にＪＲさんがすべて答えるまでやります」との意欲を見せた。国が事業認可した以上、自治体としてリニア計画に反対はできない。増沢教授の言葉からは、そういうなかでも、南アルプスの自然をどう守ろうかとの意思を感じた。

　だからこそ、知りたいと思うのは、登山界がリニア計画とどう対峙しているのかということだ。

　というのは、南アルプスで起こるこのような問題に関して、常日頃「山が好きだ」と言っている登山者、山岳雑誌や山岳用品店、山小屋のほとんど誰からも懸念が発信されていないからだ。

唯一の例外は、二〇一三年九月一〇日、静岡県の県山岳連盟、静岡市山岳連盟、県勤労者山岳連盟、日本山岳会静岡支部の四団体が「リニア工事で大井川の流量を低下させないこと、大井川源流や稜線に残土を投棄しないよう県知事がJR東海に指導するよう求める」との要望書を県に提出したことだ。

今、登山界を少しでも啓蒙しようと努めるのがフリージャーナリストの宗像充だ。

リニア問題を断続的に取材するフリージャーナリストは、私を入れておそらく三人だが、宗像はその一人。自身が登山者ということもあり、山岳関連雑誌にリニアの記事を何度か書いている。

二〇一五年四月、宗像は山岳ガイドの山田哲也とともに、「リニア新幹線を考える登山者の会」(以下、登山者の会)を結成した。そして直後の五月二〇日、東京の山岳用品店「モンベル」渋谷店において、山田がコーディネーターとなり、シンポジウム「南アルプスは大丈夫?　登山者の立場からリニア新幹線を考える」を開催した。

当日、開演二〇分前に着くと、定員六〇人の会場はすでに満員。宗像は「四〇人来ればいいかなあ」と考えていたが、結局一一〇人が集まる立ち見の大盛況。当日のパネリストは、志水哲也(山岳ガイド)、辻村千尋(日本自然保護協会)、そして、南アルプスの村、長野県大鹿村でリニア問題と対峙する前島久美(住民団体「大鹿の100年先を育む会」)の三人。

前島は大鹿村の美しい写真を投影しながらも、「着工が既定路線のような雰囲気のなか、村全体でリニア反対へと動けなくなりつつある」息苦しさを語り、辻村は「リニア建設は建設費が枯渇し、国費投入をする時が来る。そのときに国民が声を上げるかです」と世論の盛り上げの必要性を強調した。

会場からも、「渓流9条の会」という「右手に釣り竿、左手に憲法を！」をスローガンに平和活動を実践する釣りグループが「大井川源流にはヤマトイワナという貴重なイワナがいる。それをヤマト渓流会という釣り仲間が保存しようと頑張っている。こういうバロメーター的な生き物がいるときは運動がやりやすい。私たちは楽しく釣りがしたいとの思いで関わっていきたい」と発言した。

このシンポは参加者どうしでも刺激になったようで、その後、登山者の会は現地視察やシンポジウムを重ね、静岡県の山岳四団体は二〇一六年六月にも知事に「残土に含まれる自然由来の重金属などをJR東海がどう処理するのか」といった質問状を提出し、渓流9条の会は二〇一六年九月一〇～一一日に、大鹿村で、前島を案内人とする「リニアってなんだ」というキャンプを主催する予定だ。

登山界という山は動くだろうか。

▼日本野鳥の会現る！

登山者の会が設立されたのとほぼ同時に動き出したのが「日本野鳥の会」だ。

大型公共事業はひとたび動くと止められない。と、多くの国民が思っている。ところが、それを止めた事例はけっこうある。そのなかで以下の二例を紹介する。

●千歳川放水路計画

北海道で、日本海に流れる千歳川を洪水時に太平洋に流すSF的な計画。計画に疑念を抱く住民は、治水効果を科学的に計算し推進側と対峙。自治体や漁協も反対し、北海道開発局は開発を断念した。

●愛知万博

愛知県で二〇〇五年に開催された万博の当初の会場予定地は野鳥や動植物の宝庫だった。これに市民団体が反対し、国際博覧会協会（本部パリ）を通じての外圧で里山は守られ、会場は変更された。

この二例に共通するのは「日本野鳥の会」の存在だ。野鳥の会は、当該地で猛禽類を発見したり、計画への意見書を提出したりと、開発中止への大きな力を発したのだ。

私は一九九六年、千歳川放水路計画を取材した。もし放水路が完成すれば、その掘削工事で、放水路の出口に近いウトナイ湖の枯渇が予想されていた。ウトナイ湖は、二六〇種類の野鳥を数え、日本初のバードサンクチュアリ（野鳥の聖域）と日本で四番目のラムサール条約に登録された湖だ。

ここに野鳥の会のレンジャーとして常駐し、放水路対策専門委員として計画に対峙していたのが葉山政治だ。その葉山はその後、野鳥の会本部自然保護室の室長として東京にいる。

当然、リニアに関心はあった。葉山は、ＪＲ東海の環境影響評価準備書の公表のあと、リニア計画沿線七都県の支部に意見書を出すかを尋ねた。提出したのは、大鹿村も管轄する伊那谷支部だけ。このとき、野鳥の会としての大きな運動には結びつかなかった。

だが、内部での意見をまとめ、昨年九月、野鳥の会のフリーマガジン「Ｔｏｒｉｎｏ（トリーノ）」に葉山は「リニア中央新幹線は、本当に必要か？」と題した記事を書いた。以下、概要。

「リニアの環境アセスで、リニアが通過するすべての県でオオタカの営巣が、山梨県、長野県でクマタカの営巣が、岐阜県でサシバの営巣が確認されています。その後、ＪＲ東海が地元知事の要請で行なった追加調査でも、ミゾゴイ、サンショウクイ、ブッポウソウ、イヌワシ、クマタカ、オオタカ、ノスリといった絶滅危惧種や、ミサゴ等環境の変化に敏感な猛禽類が確認されています。これらのアセスは工事で直接環境の改変が行なわれる場所だけの評価で、工事現場への道路や土砂の仮置き場は含まれておらず、一〇年にわたる広範囲な工事が、環境にどれだけの影響を与えるかは検証されていません。（中略）ＪＲ東海は、住民の不安の声や質問に明確な返答を避けています。『日本最後の秘境』として、環境省が国立公園の保護地域の拡張を計画している南アルプス一帯。当会では地元支部やＮＧＯと連携して、自然環境や鳥類への影響を回避できるように取り組んでいきたいと考えています」

この翌月、私は葉山と会った。葉山は「遅れましたが、野鳥の会として全力でこの問題に取り組みます」と明言した。葉山は静岡県の非常口予定地周辺の視察に赴き、いくつかの支部はリニア沿線での探鳥会を実施している。すでに事業認可はされている。それでも野鳥の会として何ができるかが問われている。

▼リニア計画の是非を問わない住民運動

だが――。

リニア計画はすでに国が事業認可をした。今さら、市民団体が動いても遅いとの声が聞こえる。

確かに、リニア計画を止められる可能性があるとすれば、裁判しかないかもしれない。だが、リニア計画の是非を問わなくても闘うことはできる。

長野県豊岡村の小園《おその》地区。住宅地から一〇〇メートルも行けば、自然豊かな沢筋がある。ところが二〇一六年一月、下平喜隆村長がいつの間にかそこをリニア工事で発生する残土の埋め立て候補地として県に報告していたことを住民は知る。予定された残土の量は約五二万立方メートル。東京ドームの約半分にも相当する膨大な量だ。驚いた地区住民九人が、二〇一六年四月、「リニア残土NO! 小園の会」(原道治会長)を発足し、候補地取り下げを村に求める署名活動を開始。四月下旬までに、全住民約五六〇人の約七割に当たる三八七人が署名をした。二〇一六年四月に発生した熊本地震での土石流の被害も、対岸の火事ではないとの意識を住民にもたせていた。

だが、署名を提出しても村長が「取り下げはしない」と表明したため、小園の会は五月末に「取り下げを求める請願書」を村議会に提出(後日、不採択)。また、埋め立て予定地には埋め立てに同意しない地権者もいた。

そして、これら動きにJR東海は六月八日、埋め立て計画の中止を決めたのだ。

この住民運動のポイントは、署名でリニア計画の是非を問わなかったことだ。あくまでも残土計画への是非だけを争点にした。

リニア計画は一都六県にまたがる巨大事業。その全貌の理解は一般住民には難しい。だが、少なくとも自分の地域で起こる問題は知ることができる。それへの是非は言うことはできる。

Column 皮算用の予想乗客数と経済効果

リニア中間駅が設置される県（神奈川、山梨、長野、岐阜）はリニア建設に前のめりだ。4県は、リニア停車を地域活性の起爆剤として、リニア駅前開発やリニア駅と地方道を結ぶ自動車道路の整備だけで百億円単位、千億円単位の税金を投入しようとしている。その詳細は省略するが、予測されている経済効果は「皮算用」だ。たとえば、リニア中間駅が設置される4県は、「乗降客総定数」として1編成あたりで以下の数字を出している。

神奈川県駅	209人
山梨県駅	342人
長野県駅	189人
岐阜県駅	278人
合計	1018人

この数字は合理性を欠いている。リニアの1編成あたりの定員1000人を超えているからだ。品川・名古屋駅での乗客数を加えれば、ますます非現実的だ。

さらに、中間駅は1時間1本の停車と予測されるのに（正式なダイヤは出ていないが）、神奈川県は「1時間5本停車」というありえない仮定で、年1万2000人の雇用が増え、年3200億円の経済波及効果があると公表。山梨県は、リニア効果で2600社が立地し、年2420億円の経済波及効果を生むと試算している。

定員以上が乗車する仮定では、これら素晴らしい数字には説得力がない。確かなのは、予想される経済効果がない場合、そのツケは各県民に回ってくることだ。

相模原市緑区の山間地でも、玄関開けたらすぐ車道という生活環境の集落があるが、住民にすれば、その道を今後一日数百台ものダンプが走るのは受け入れがたい現実だ。だから、こう言った――「リニア計画はよくわからない。でも、俺の家の前を工事車両が走るのは反対。よそに行ってほしい」

これが今、地区の声にもなっている。これを地域エゴと批判する声はある。だが、日本の地域社会の特性を鑑みたとき、「国策」の是非を話し合い、結論を出し、行動することが非現実的な地域は依然多い。だが、地域の環境問題・社会問題として話し合い、結論を出すのは極めて現実的だ。運動の入口は地域エゴでもいい場合がある。

▼ウランは掘り出されるのか

増補版の最後に、私が今年行なった取材のなかでもっとも高い反響があったことを書き留める。リニアが通過する岐阜県東濃地区についてである。

東濃は日本最大のウラン鉱床地帯だが、リニアの高速性にあわせてほぼ直線状に掘削するトンネル工事で、ウラン鉱床やウランを高濃度に含む土壌にぶつかった場合、ウラン残土は掘り出すしかない。だが、JR東海は「ウランは出ない」との前提で、東濃での土壌調査をほとんど行なっていない。

二〇一六年二月一六日。愛知県の市民団体「春日井リニアを問う会」の代表、川本正彦が企画した「東濃ウラン鉱床現地調査」に参加した。同行者は一三人。企画の趣旨は、ウラン鉱床地帯を地下走行するリニアのルート上での放射線量を測定するというもの。測定前、川本は趣旨を説明した。

「JR東海は、『リニアのルートはウラン鉱床を回避している』と明言しています。その根拠は、二五年以上も前に『動力炉・核燃料開発事業団(現、日本原子力研究開発機構。以下、機構)』が東濃でウラン探査のため一四〇〇本のボーリング調査を行なって出した文献『日本のウラン資源』だけです。トンネル工事で出てくる残土が放射線で汚染されていないのか。測定でその可能性を探りたい」

測定地点は六ヵ所。うち二ヵ所はリニアルート上で、品川駅から二四五キロ地点(御嵩町)と、二四〇キロ地点近くに掘られる非常口の予定地(瑞浪市)だ。残る四ヵ所は、リニアルートの三、四キロほど南にある、過去にウ

2016年2月16日　岐阜県御嵩町。品川駅から245キロ地点。毎時0.341マイクロシーベルトという高い放射線量を計測、その計測の模様。真ん中にあるのが245キロ地点を示す赤い杭。左から二番目が井上。真ん中から右にいる、ベレー帽をかぶりウエストバッグをしているのが川本。

ランを採掘した月吉鉱床とその隣接地（瑞浪市と土岐市）。

計測には四台の放射線測定器を使用。ちなみに東濃は放射線値がやや高く、平均毎時約〇・一一マイクロシーベルトだ（日本のほとんどの地区の平均は〇・〇四マイクロシーベルト前後）。

また、プロ用測定器ではないことから、今回の測定は、正確な数値の測定よりも、複数地区を計測することでの「程度の比較」を主眼とした。

私たちが最初に訪れたのは二四五キロ地点。JR東海が測量をした印である赤い杭が打たれている。この地下三六メートルをリニアは走る。杭の周辺で測定器をもつと、液晶の数字が上下し、最高値〇・三四一マイクロシーベルトを示した。「そんなに！」との声が上がる。日本の平常値の約八倍だ。

さらに驚いたのが、この後に計測した、地下にウランが埋蔵されている月吉鉱床周辺の四ヵ所のほうが値が低かったことだ。どこも〇・三マイクロシーベルト以下。ちなみに、「一度だけの計測では信頼度が低い」と、川本は翌三月一八日にも再計測を実施。二四五キロ地点でほぼ同じ〇・三三五マイクロシーベルトを記録している（第七章扉図参照）。

私たちはこの結果に驚いたが、この日、案内人として参加した、地元の反核市民団体「多治見を放射能から守ろう！市民の会」の井上敏夫代表は「やはりか」とうなずいていた。

井上は、準備書が公表された直後の二〇一三年一二月に、今回の測定地点を計測していた。二四五キロ地点では〇・二五一マイクロシーベルト、ほかの場所でもおおむね〇・二マイクロシーベルト台を計測した。井上はその結果をもって、一四年一月一〇日、岐阜県多治見市で開催されたリニア計画に対する岐阜県主催の公聴会で、公述人のひとりとして以下の主旨の陳述をしている。

「(地図上、リニアルートは) 確かにウラン鉱床は回避していますが、鉱床に隣接したところを通ります。私はルート上四地点と月吉鉱床上の四地点で放射線量を測定しました。その結果、ルート上においても月吉鉱床と同程度のウランが存在し、掘削によるラドンガスが生じる恐れがあります。現地調査をするよう私は求めます」

もし、トンネル工事でウランが出てきたらどうなるのか。

ウランは次々と崩壊しながら一二の放射性物質に姿を変え、最後に鉛となって安定する。その過程で生成するもっとも危険な放射性物質は、肺がんを引き起こす気体のラドンだ。本書一三一ページからでも書いたが、一九六〇年代、岡山県と鳥取県とにまたがる人形峠でのウラン採掘で少なくない鉱山労働者が肺がんで亡くなった。

また、排出されるウラン残土そのものも厄介な環境問題と社会問題を招く。というのは、採掘から半世紀以上も経った今も、人形峠周辺では合計約五〇万立法メートルのウラン残土が約二〇の山となって残っているからだ。その放射線量はいまだに年間一ミリシーベルト超のため、どこにも運べない。

懸念は井上だけのものではない。公聴会をはさむ一三年一〇月から一四年三月まで、岐阜県では県の常設機関「環境影響評価審査会」が、JR東海の職員同席のもとリニア計画の審査を実施。有識者の委員たちは、相当の懸念をもって、JR東海に対して厳しい見解を示した。

「もし掘って (ウランが) 出てきたらどうするのでしょう。結構大変なことになる。出てきた際の対応が十分検討される必要があると思います。準備書では具体的対策について検討されていない」
「ウラン残土が大量に出たら、たぶんどこも土壌を受け入れるところがなくなると思います」
「ウラン鉱床に当たらないという考え方は少し危ない。あとあと大きな問題を起こす」
JR東海はこう返した——「ウランについては出ることを前提にしていません」(一四年一月三〇日)

その後、環境影響評価審査会は「ボーリング調査をすべき」との答申を県知事に上申し、一四年三月、知事も答申通りの意見書をJR東海に提出。結局、JR東海は「ボーリング調査をする」と回答するに至ったが、その区間はリニアルート上の「ウラン鉱床の地質に似ている」三キロの区間に限られ、二四五キロ地点は含まれていない。現在までに実施したボーリング調査は一本だけだという。

だがもしウラン残土が排出されても、今の時代、それを引き取る自治体が現れるとは考えにくい。

事実、二四五キロ地点の管轄自治体である御嵩町は県内に六一ヵ所あるリニア残土の受け入れ候補地の一つだが、ことウラン残土に関しては、「あくまでも重金属や汚染物質のない安全な残土というのが条件です」(総務部)と、引き取るつもりはないと私の電話取材で明言した。行き場を失ったウラン残土はどこに行くのだろう。住民は、結局は地元に押し付けられないかを不安視する。

JR東海は、文献調査と機構へのヒアリングを通して、地質条件から「ウランは出ない」と判断した。だから三キロ区間を除いての地質調査は実施しない。だが、本書一三六ページに書いたように、私は、機構の東濃地科学センター(瑞浪市)地域交流課から以下の説明を得ている。

「旧動燃だけではなく、私たちも数十本のボーリング調査をして東濃地区のあらかたの地層は把握しています。でも、地下がどんな地層かは、実際には掘ってみなければわからないんです」

今回の市民調査に学術的な裏打ちはない。地下にウランがあるとの断定もできない。だが、その可能性を否定できる結果でもないことは確かだ。東濃のリニアルートの地下には何があるのか。それを知りえるのはＪＲ東海しかいない。

あとがき

二〇一六年六月一日の報道には驚いた。安部晋三首相が「リニア新幹線や従来の整備新幹線に財政投融資を活用して三〇兆円の投資を行なう。大阪延伸を前倒しする」と公表したのだ。

財政投融資とは、簡単に書けば、財務省が発行する「財投債」という国債を投機機関（金融機関など）に購入してもらうことで調達した資金を、財投機関（政府系の特殊法人）に融資する制度だ（財投機関自身が発行する「財投機関債」も資金源の一つだ）。

とはいえJR東海は財投機関ではないから、国が財投債で調達した資金を受けることができない。ただ財投機関の一つに、整備新幹線の建設を担ってきた「独立行政法人　鉄道建設・運輸施設整備支援機構」（以下、支援機構）がある。だが支援機構は他組織に融資することはできない。となると、国は支援機構に融資をして、JR東海は支援機構にリニア工事の発注をかけてリニア施設を建設してもらい、竣工後に施設を譲り受け、数十年をかけて支援機構に支払いを続けるのかとも想定した。

ところが、その後分かったのは、国土交通省は、支援機構に融資機能をもたせるべく、今秋の臨時国会で「鉄道建設・運輸施設整備支援機構法」の法改正をするという。まさに裏技である。

JR東海はこれまで「自費でリニアを建設する」と表明してきた。その前提で環境アセスの手続きも進められてきたのだ。もっとも、市民団体は、いつかリニアに国税を投入するのではと疑念を呈してきた。今回、税金ではなく財政投融資の活用は予想外とはいえ、「公的資金」投入であることは間違いない。住民ネットワーク、そしてストップ・リニア！訴訟の原告団と弁護団はすぐに動いた。六月二四日、安倍首相と国土交通大臣に対し、「リニア中央新幹線への財政投融資活用方針の撤回を求める要請書」を、ＪＲ東海には「同融資の受け入れ方針の撤回を求めます」と題した要望書を提出したのだ。

政府・自民党案では、財政投融資を活用し、ＪＲ東海には、一年間に一兆円の融資を三回、つまり計三兆円を融資する。ＪＲ東海はそれを品川・名古屋間の建設に投入する。品川・名古屋間の建設予定費は約五兆五〇〇〇億円だから、残り二兆五〇〇〇億円はＪＲ東海が自分でかき集めるのか、そもそも、五兆五〇〇〇億円で足りない場合の追加融資があるのかも注視しなければならない。

ただし、大阪延伸前倒しといっても、ＪＲ東海の発表では、名古屋・大阪間の環境アセスを実施するのは二〇三〇年からで、竣工は二〇三七年予定。当初の予定から八年早まるが、関西の経済界が望んでいた名古屋同時開業からは未だに一〇年も遅れる。

そもそも、品川・名古屋間の二〇二七年開業に私は疑問を抱く。一つは、よく言われる南アルプスが難工事になるとの予測だけではなく、今年には本格着工すると言われている区間についても、早くも工事の遅れが予見されているからだ。

南アルプス東端に位置する山梨県早川町で、二〇一五年一二月一八日、起工式が執り行なわれた。当初の作業は測量や調査、準備坑の掘削であり、いわゆるトンネル掘削（七・七キロ）は二〇一六年秋あたりからと住民には説明されていた。早川町からは約三二〇万立方メートルもの残土が排出されるが、その九割以上の用途は決まっている。町北部の山間地と南アルプス市とを五キロで結ぶ連絡道路の建設、そして、その南アルプス市で登山者用の駐車場の建設などに残土を活用する。

ところが、山梨県に確認すると、その連絡道路は設計すら始まっていない。測量も地主との用地交渉もそのあとに待っている。おまけに、その建設費八〇億円の費用分担もJR東海と山梨県との間でまとまっていない（県はJR東海の三〇億円負担を希望している。二〇一六年五月時点）。

さらに、その連絡道路建設現場に残土を運ぶには、町に一本しかない県道三七号線を北上するしかないが、この道が狭い。特に町の北部では、片側が山肌で片側が谷への崖という、拡幅すら難しい。ここを一日最大で九三〇台もの工事用車両が通行するのは物理的に不可能だ。三七号線を拡幅するには、やはり、設計、測量、用地交渉、建設が待っている。住民への説明もまだない。

観光業に携わる町民は「それ全部クリアするには、どんなに急いでも半年から一年かかる。年内着工なんて物理的に無理。やるんなら、道の待機場で止まっては進むの片側交互通行しかない」と冷静に判断する。同時にこう憤っていた。

「でも、それを九三〇台のダンプに一〇年間もやられたら、閑静さが売りの町の観光業は潰れます。私は三七号線周辺に土地もってますが、観光業への配慮もなく進めるなら土地は売りません。私はJR東海からも町からも、温泉施設を有する観光業をどう守るのかの説明を一度も聞いたことがない」

リニアの工事が遅れるであろうもう一つの理由はここにもある。住民合意なき推進だからこそ、トラスト運動に象徴されるように住民の抵抗が強まるからだ。

二〇一三年一〇月一四日、長野県大鹿村での準備書説明会において、計画への反対意見が多数を占

めた会場で、ＪＲ東海はこう明言した。

「工事の具体的な計画は、当然住民目線で、地元の方のご意見を聞きながらやっていかなければいけません。住民が納得されていないような段階で、無理やり工事着手はできないと思っています」

この言葉だけを聞くなら、ＪＲ東海は二〇二七年開通にはこだわらないと解釈することはできる。

ところが、二〇一六年四月二七日、その大鹿村で、ＪＲ東海による道路改良等の住民説明会が開催され、村民の一人が「何をもって住民の理解とするのか」を問い質したとき、ＪＲ東海はこう回答した。

「こうなったら理解が得られたとか、合意が得られたとか、多数決で決まるものでもない。事業者が責任を持って判断させていただく。どう判断するかと言えば、説明会でどんな話が出るか、リニア対策委員会でのやりとり、（大鹿村に）分室を構えて地元の方といろいろな話をさせていただいているので、そこでのやりとりなどを踏まえて判断していくと考えている。その考えに変わりない」

つまり、「住民が理解した」との判断は事業者だけに委ねられるとの事業者の見解だ。確かに、ＪＲ東海が「説明会」「リニア対策委員会」「分室」での住民の意向を把握するというのはあながち間違ってはいない。だが最終判断はやはり住民との合意に委ねられるべきだ。

ところが住民合意がないのに、ＪＲ東海は二〇一六年末からにでも南アルプス（長野県側）のトンネル掘削に取りかかりたいと表明している。

財政投融資という国の後ろ盾を得ようとするＪＲ東海は、早川町、大鹿村にも続き、今後も各地での着工を急ぐことだろう。一介のフリージャーナリストに東京都から愛知県までの広範囲で起きる問

題のすべての把握は難しい。それでも私が取材を続けるのは、いま伝えるしかないからだ。

三・一一の前、原発の危険性を訴えるマスコミはきわめて少なかった。事故が起きてから、多くの記者が饒舌になった。原発関連の本にしても、事故のあとは数百冊も出ているはずだ。もちろん否定しているのではない。次から次へと新たな問題が発生する以上、どれも大切な情報である。

だが、その礎を作ったのは、原発事故以前の数十年間、事故の可能性を訴え、反原発を訴えていた少数の市民団体やジャーナリストや研究者だ。たとえば、原発事故のあと、どの講演会場も立ち見が出るほどに時の人となった小出裕章・元京都大学原子炉実験所助教は、事故の前は一〇人前後しか聴衆のいないときもあった。それでも腐ることなく、淡々と講演活動を続けた。市民団体も廃炉を視野に入れた運動を展開したり、東京電力に何度も申し入れを行なっていた。

だが、マスコミは東京電力という大スポンサーに配慮して、これら声を拾わなかった。東京電力はひたすら「原発は安全です」を繰り返し、国民的検証もないまま、ついに事故が起きた。

山梨県のリニア実験線周辺では、起こらないといわれていた水枯れが頻発し、今後確実に起こることに絞っても、多くの家屋や田畑の収用、地域分断、狭い集落や住宅地を一〇年間も埋め尽くすダンプカー、河川の減流などの問題がある。可能性のある事案としてもウラン残土の掘り出しや生態系の劣化が予測されている。

あるテレビ関係者は言った。「JR東海がスポンサーである以上、報道は難しい。でも、事故や大問題が起これば取材できる」と。私は事故を待ってなどいられない。いま伝えることで、多くの人に

リニアに関する情報を知ってもらい、議論をしてほしいと思う。

　初版発行からの一年一〇ヵ月で、各地でさまざまな新たな市民団体や住民団体の運動が起き、増補版ではその一部しか紹介できなかったが、リニア新幹線沿線住民ネットワークに加盟する団体をはじめ、これら団体の協力なしに本書の出版は実現しなかった。ここに深く感謝いたします。

　また、リニアの場合、取材はしても掲載先の確保が難しい状況のなかで、是非書いてほしいと執筆を承諾してくれた週刊誌や月刊誌の編集者には深く感謝します。特に、月刊「望星」（東海教育研究所）で連載という形で執筆をさせてくれたことは、取材活動をするうえで大きな助けになった。同誌の石井靖彦編集長には心から感謝します。

　また、本書の初版は本来二〇一四年三月に出版予定であったが、印刷後に、出版社の上部組織の某大学から「本学の研究者や卒業生にも鉄道事業に関わる人がいる。（リニア計画を批判する）この本の意図が本学の意図と同じと思われるのは困る」との理由で、印刷した三〇〇〇部は断裁されてしまった。その真相は私にはわからないが、再出版先を探す作業は苦労した。だからこそ、出版を即断してくれた旬報社の木内洋育社長にはただ感謝いたします。

　こういった形で微力ながらリニア問題の周知ができることは幸いなことです。ストップ・リニア！訴訟の初公判は九月二三日。新たに始まる闘いも含め、今後ともリニアの取材は続けていくつもりです。

二〇一六年七月

◉リニア新幹線沿線住民ネットワーク加盟の市民団体一覧

▶**リニア・市民ネット東京**
電話：042-565-7478／HP：www.gsn.jp/linear/

▶**リニア新幹線を考える・東京神奈川連絡会**
電話：044-866-5785／HP web-asao.jp/hp/linear

▶**リニア新幹線を考える相模原連絡会**
電話：090-4378-9257

▶**リニア・市民ネット山梨**
電話・FAX：055-252-028／HP：www.midoriyamanashi.com

▶**南アルプスとリニアを考える市民ネットワーク・静岡**
電話：054-209-5677

▶**リニア新幹線を考える静岡県民ネットワーク**
電話・FAX：054-283-8882

▶**東濃リニアを考える会（中津川）**
電話：0573-69-4619

▶**NO！リニア連絡会**
電話：080-6936-0153

▶**リニアを考える岐阜県民ネットワーク**
電話：0573-69-4619

▶**飯田リニアを考える会**
電話：0265-24-2605

▶**リニアを問う愛知市民ネット**
電話：0565-80-5323／FAX：0565-89-1620

▶**リニアを考える愛知県連絡会**
電話・FAX：0568-83-9261

◉協力団体

リニア中央新幹線を考える町田の会、リニア中央新幹線研究会、
中央市リニア対策市民の会、リニア新幹線沿線住民懇話会、
リニア・市民ネット大阪

◉関連団体

リニア新幹線を考える登山者の会：http://tozansyarinia.seesaa.net/
連絡先：TEL03-3752-4717（橋本）
メール：tozansyarinia@gmail.com
日本野鳥の会
釣り９条の会

◉主な参考文献

野沢太三『新幹線の軌跡と展望』（創英社）二〇一〇年
橋山禮治郎『必要か、リニア新幹線』（岩波書店）二〇一一年
橋山禮治郎『リニア新幹線　巨大プロジェクトの「真実」』（集英社新書）二〇一四年
リニア・市民ネット『危ないリニア新幹線』（緑風出版）二〇一三年
梅原淳『鉄道の未来』（角川書店）二〇一一年
懸樋哲夫『デジタル公害』（緑風出版）二〇〇八年
大久保貞利『誰でもわかる電磁波問題』（緑風出版）二〇〇二年
榎本益美『人形峠ウラン公害ドキュメント』（北斗出版）一九九五年
葛西敬之『国鉄改革の真実』（中央公論新社）
藤井聡『「スーパー新幹線」が日本を救う』
西川榮一『リニア中央新幹線に未来はあるか』（自治体研究社）

※本書執筆に当たっては著者が過去に発表した以下の記事を一部下敷きとしています
『週刊プレイボーイ』（一九九九年一〇月二六日号）「リニアモーターカーは『銀河鉄道』にして月に飛ばせ」

『自然と人間』（二〇一二年三月号）「リニア中央新幹線へのこれだけの疑問」

『週刊プレイボーイ』（二〇一二年六月一一日号）「夢の『リニア新幹線』は第二の原発か？」

『週刊ＳＰＡ！』（二〇一二年七月二四日・三一日合併号）「リニア中央新幹線が日本を壊す！」

『週刊金曜日』（二〇一二年八月三日号）「発案者は着工に異議を唱えていた 一〇〇〇億円以上の国費と大深度法の成立が計画を牽引」

『世界』（二〇一二年九月号）「疑問だらけのリニア新幹線」

『望星』（二〇一三年一～四月号、六～七月号、一〇月号）「『夢の超特急』の暴走？」

『週刊プレイボーイ』（二〇一三年九月二三日号）「リニア新幹線が猛スピードで環境破壊している？」

『週刊金曜日』（二〇一三年一〇月四日号）「アセスメントが公表されたJR東海のリニア計画」

『世界』（二〇一三年一一月号）「リニア中央新幹線の準備書公表 疑問にJR東海は応えたか」

『自然と人間』（二〇一四年一月号）「見え始めた衝撃のリニア計画に自治体から不安の声が続出」

『週刊プレイボーイ』（二〇一四年二月一七日号）「夢のリニア新幹線、まさかの建設ストップ危機のワケ‼」

『週刊金曜日』（二〇一四年三月二一日号）「大井川から水がなくなり南アルプスは残土捨て場に」

『週刊東洋経済』（二〇一四年五月三一日号）「水枯れ、残土処理で南アルプスが崩れる」

『世界』（二〇一四年七月号）「解消されないリニア建設への疑問」

『世界』（二〇一五年二月号）討議なき巨大事業の無理と無謀『悪夢の超特急 リニア中央新幹線』をめぐって
『生活と自治』（二〇一五年二月号）Q＆A リニアモーターカーって夢の超特急なの？

『自然と人間』（二〇一五年三月号）見え隠れする「リニアに国税投入」への誘導
『自然と人間』（二〇一五年八月号）リニア用地買収に待ったをかける山梨「立ち木トラスト」運動
『自然と人間』（二〇一五年一二月号）動き始めた「ストップ・リニア！訴訟」

『生活と自治』（二〇一六年一月号）課題山積のままに…リニア新幹線
『週刊金曜日』（二〇一六年三月二五日号）リニア中央新幹線ルート上で高い放射線値を測定！

『週刊プレイボーイ』（二〇一六年四月二五日号）リニア新幹線のルート上で高放射線値を計測‼
『自然と人間』（二〇一六年四月号）リニア新幹線ルートにウラン鉱床?!
『週刊金曜日』（二〇一六年五月二七日号）住民七三八人が集団提訴
『週刊女性』（二〇一六年六月七日号）知られざる「リニア新幹線」の危ない計画
『世界』（二〇一六年七月号）急速に動き出すリニア新幹線計画

［著者プロフィール］

樫田秀樹（かしだ・ひでき）

1959年北海道生まれ。岩手大学卒業。コンピュータ関連企業勤務を経てフリーのジャーナリストに。NGOスタッフとしての活動や取材でアジア・アフリカ各地に赴く。著書に『9つの森の教え』（築地書館。ペンネーム峠隆一）、『「新しい貯金」で幸せになる方法』（築地書館）、『自爆営業』（ポプラ新書）、編著書に『世界から貧しさをなくす30の方法』（合同出版）など。各誌で環境問題、社会問題、市民運動、人物ルポなどを手がける。自身のブログやホームページでも多くのテーマを執筆している。『“悪夢の超特急”リニア中央新幹線』で第58回日本ジャーナリスト会議賞を受賞。

増補“悪夢の超特急”リニア中央新幹線
建設中止を求めて訴訟へ

2016年8月5日　増補第1刷発行

著　者 ―― 樫田秀樹
発行者 ―― 木内洋育
発行所 ―― 株式会社 旬報社
〒112-0015 東京都文京区目白台 2-14-13
TEL 03-3943-9911　FAX 03-3943-8396
ホームページ　http://www.junposha.com/
印刷製本 ―― 中央精版印刷株式会社

 ISBN978-4-8451-1471-9